AF254406

老顽童学琴日记

第一集

How an Aged Kidult Learns Piano
Volume 1

翟崇生
熊　慧　著

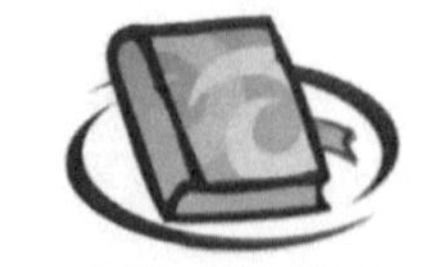

美商EHGBooks微出版公司
www.EHGBooks.com

EHG Books 公司出版
Amazon.com 总经销
2022 年版权美国登记
未经授权不许翻印全文或部分
及翻译为其他语言或文字
2022 年 EHGBooks 第一版

ISBN-13：978-1-64784-152-2

目录

写在前面的话

写作《老顽童学琴日记》的冲动源于作者之一的老顽童在 2020 年岁末草就的一篇小文《我与〈学琴日记〉》，说的是曾任上海音乐学院音乐研究所林华所长为帮助少儿学习钢琴弹奏写的《学琴日记》一书，对老顽童练习钢琴弹奏的启发：

我与《学琴日记》

一本书在我的书柜里默默地躺了二十年，无声无息静悄悄的……

这本书就是曾任上海音乐学院音乐研究所林华所长写的《学琴日记》。

"日记"的蓝本是一个叫许雪青的小女孩写的日记，青青学钢琴的时候，已经九岁了，跟着音乐学院的陈树哲教授学习了五年的钢琴，然后随着父母出国了，临行前，她将自己写的学琴日记送给了恩师。九岁孩子的文字非常淳朴真实，即使经过编辑也能显得真实可信。或许，这是各类钢琴教材中唯一一本以孩子口吻写出来的书。

《学琴日记》以青青在跟随陈树哲教授学习钢琴过程中记下的日记，以及作者林华对这些日记所作的注释，阐述了少儿学钢琴过程中必须注意的诸如手型、识谱、手指功夫、节奏节拍、触键、音色、踏板、复调、练习曲等方面的运用原理，并对各种钢琴流派的历史沿革、艺术风格作了简要的回顾。《学琴日记》内容深入浅出，文章生动流畅，以其散文性的优美文笔引人入胜。

想来真是可惜，这么好的一本关于练习弹奏钢琴的书，我竟然没有认真读过。

其实，早在 1980 年代家里就买了钢琴。可那个时候工作忙得不可开交，根本没有什么时间，更没有什么心思去学弹琴。家里的钢琴于我就是一个碍手碍脚死沉死沉的摆设。

直到最近，我突然聊发少年狂——发狂时早已年逾六旬，玩起了黑白键。而且这一玩，大有一发不可收拾之势。

现在不管窗外是阴是晴是雨是雪，我每天都要稳坐琴旁，心无旁骛地练琴两到三个小时。

就这样，学琴不到一年，我从零基础的琴盲，到可以弹奏出几十首简简单单的小曲——元日、悯农、静夜思、伏尔加河纤夫曲、钟声、小圆舞曲、蜜蜂、苏格兰蓝铃、北风吹、送别、湖上天鹅、黄梅小唱、荡秋千、欢乐颂、爬山坡、斯卡布罗集市、摇篮曲、故乡往事、斯拉夫进行曲、教堂钟声、林中黎明、划小船、泉水清清、莫扎特的旋律、牧羊姑娘、草原赞歌、箫、软靴舞曲、小星星、小草之歌、让你的眼睛与我深情对望、啄木鸟、快乐的啰嗦、玩具娃娃进行曲、布谷钟、沉思（*Reflections*）、卖报歌、平安夜、*A Holly Jolly Christmas*、晨歌、罗曼史、夜曲、可爱的玫瑰花、老黄牛、在爱尔兰草原上、美丽的兰花花、赤诚花、二泉映月等等。

据老师讲，我这个零基础且年逾花甲的老顽童进步还是可以的。当然，我知道老师是在鼓励我继续顽童下去，不可半途而废。老师同时告诉我，除了动手练琴，也要动脑思琴，要学习一点相关的乐理知识。这样才能用脑思琴指导动手练琴，而动手练琴也能促使我发现问题，进而再用脑思琴。如此这般循序渐进，可以弹奏出更加优美动听的乐曲。

于是，林华先生写的这本《学琴日记》一下就从待字"柜"中的俏小姐，升级为我枕旁的美娇娘。每天晚上，我都要想一想白天练琴时遇到的问题，然后认认真真读上几页《学琴日记》的相关内容。特别要提一句，《学琴日记》所附供初学者查询参考的"学琴疑难问题索引"，更是让我倍感方便。

我想，林华先生应该没有料到他这本专为少儿学钢琴的入门辅导读物，似乎更适合我这个老顽童的胃口。

据说，《学琴日记》姊妹篇《教琴日记》业已出版——当年的学琴女孩青青已经成为一名专业的钢琴教师。

也许，只是也许，再过若干年可能会有一本《老顽童学琴日记》面世。

谁知道呢……

正如老顽童在文章中提到的那样，林华所长写的《学琴日记》对少儿学钢琴过程中必须注意的手型、识谱、手指功夫、节奏节拍、触键、音色、踏板、复调、练习曲等方面作了既专业又通俗易懂的讲解。特别是《学琴日记》所附供初学者查询参考的"学琴疑难问题索引"，更是让人倍感方便。

我们在想，如果说林华所长的《学琴日记》是写给少儿学琴的，成功地激发了少儿学琴的积极性。那么老顽童是否可以用在琴键上饱受"磨难"的十指，在键盘上敲打出年逾六旬零基础的老年人开始练琴的过程以及感受，让更多的老年朋友增加一点点信心，也开始喜欢上了钢琴呢？对老年朋友来讲，零基础老顽童的现身说"琴"可能更有说服力。

如果这本《老顽童学琴日记》能让一些老年朋友开始练琴，进而喜欢上音乐，让自己的老年生活多了些律动，多了些色彩，对我们就是最大的欣慰了。

作者

二〇二〇年十二月

第一章　爆竹声中一岁除

2020 年 11 月 20 日　星期五　雨

时序迁流，疾于奔马。2020 年已近尾声，转眼这一年又要过去了。

2020 年过得实属不易，百年不遇的新冠肺炎疫情突然爆发。这场突如其来的疫情，给社会生产和百姓生活造成了巨大的影响，人们纷纷放弃了四处游走与亲朋好友时不时聚一聚的生活常态，尽量宅家独处，鲜有外出。

宅在家里的线上生活，改变了人们观察事物、社交、购物、阅读的习惯。每个人都成了独处的"宅家一族"或外出的"口罩一族"。

平日里的问候语，也从"早晨好"、"下午好"、"你好"……，变成了调侃式的"您核酸了吗？！您还阴着呐！"。

其实，宅家的日子并没有想象中的难熬。不说别的，我的厨艺就真的是日新月异，成了名副其实的"家庭煮夫"。

慢下来的时光也可以过得很温馨充实有趣。心理学家王薇华说，"当所有的一切回到静止，消散以后，当沉下心来独自用另一种眼光和方式去看这个我们熟悉的世界与周围的一切时，才发现原来可以不用太多的社交也能过好自己的生活，远离人群回归自我更加充实。"

既然社交活动突然被按下了暂停键，原本一些用于社会交往的时间越来越多地改由自己完全掌控了。那么，我是不是应该利用这一段时间给自己充充电，在慢下来的时间里多一个业余爱好呢？

2020 年 11 月 25 日　星期三　小雨

晚饭后，和儿子聊起了我的想法，让他帮我参谋一下应该开发哪个业余爱好。

"练弹琴啊！"儿子大声说道。

"您看，咱家就有现成的钢琴和现成的老师。您忘了？我就是钢琴专业毕业的啊！而且，您三十多年前不是自己琢磨过嘛。"

儿子说的不假，三十多年前我确实完完全全在没有向任何人请教的情况下，活生生地把乐谱上的蛤蟆骨朵儿，一个一个硬按在琴键上，啃下来几首简简单单的小曲。可那不是悦耳的乐曲，简直就是噪音啊。

见我神色赧然，儿子鼓励道："您肯定没问题，您会喜欢上弹琴的。至少可以延缓您老年痴呆症状的出现。"儿子说完，冲我做了个鬼脸，转身帮我找乐谱去了。

2020 年 11 月 30 日　星期一　中雨

"您看，乐谱给您找好了——《卡农 C 大调》。"儿子拿着打印好的曲谱在我眼前晃了晃。

原来，儿子知道我只能凑凑合合认得 C 大调的五线谱，看见任何其他调号的谱子就彻底晕菜，所以他特地专门为我把原曲《卡农 D 大调》改编成了《卡农 C 大调》，在弹奏的难度上也作了点调整。

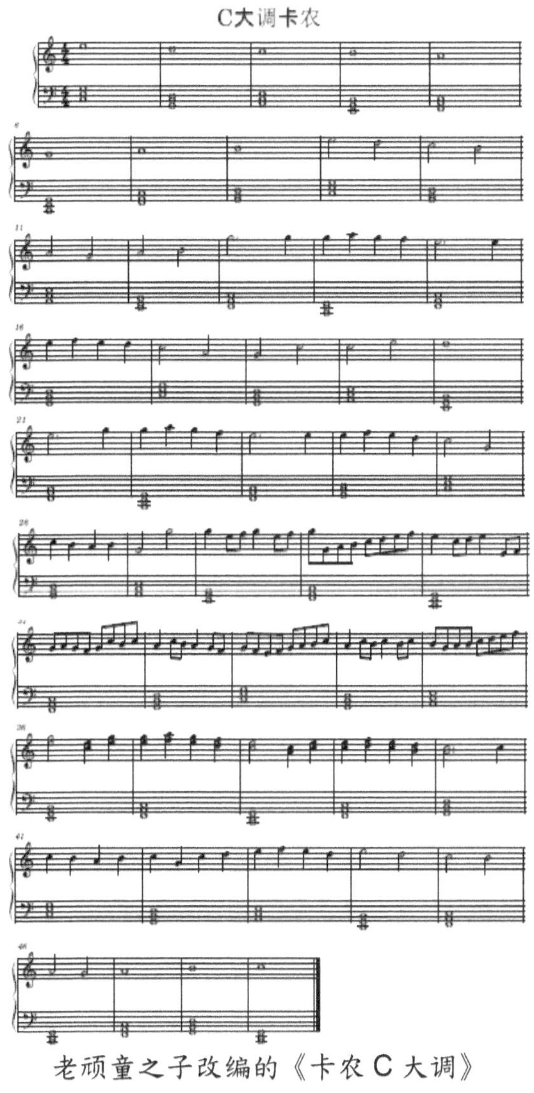

老顽童之子改编的《卡农 C 大调》

　　我接过谱子一看，心里顿时凉了半截——《卡农 C 大调》整整两页十行，远远超出我的读谱能力；再说我已经差不多有三十多年几乎没有碰过钢琴了。

看着儿子期待的目光，我不想辜负他的热心，更不想让他失望，默默地点头道："那我试试吧，真不知道什么时候能弹下来呢！"

2020 年 12 月 28 日 星期一 阴

这一个月，过得好累啊！

《卡农 C 大调》把我折磨得快要崩溃了——多年不用的手指，在键盘上的感觉简直就像是木棍，直愣愣的；眼中五线谱上的音符，也是冷冰冰的。

为了把乐谱上的音符变成能在琴键上弹奏出来的声音，我还悄悄地在五线谱上用铅笔轻轻地标出来相对应的简谱，标出了只有我自己能看懂的一些练琴提示。

可任凭我怎样花样百出地读谱，怎样努力理解乐曲，怎样累得头晕眼花，也不成曲调……

2020 年 12 月 31 日 星期四 中雨

还好，练到今天终于有了突破，能够断断续续地把曲子弹下来了。

晚饭后，我把儿子叫到钢琴旁，让他听我《卡农 C 大调》的汇报演出。

真是奇怪，我白天练得好好的，能比较流畅地把曲子弹下来。可儿子在一旁，我的手指和眼睛都不听话了，不是这错就是那错。这首曲子反反复复折腾了半个多小时，才弹了相对流畅的一次。

儿子在一旁认真听完我弹的"噪音"，便是一番鼓励："真是不错！这些天没怎么看您摸琴，我还以为您放弃了呢！"

他哪里知道，我每天悄悄下了多少功夫呢。

"不过您要注意，弹奏从 41 小节到 45 小节的双音时，手要有一定支撑力，手指的每一个关节不能塌陷，手腕松弛放平，"儿子接着说道，"这样吧，您再接着练几天，继续巩固一下。等我给您找首新曲子……"

没等儿子说完，我马上打断他："别了，我先把这首曲子练好再说吧。而且马上要过年了，我得给你多做些大餐，感谢你这个钢琴老师呢。"

其实，我是练琴练累了，想先缓一缓，好好休息几天。

2021 年 1 月 25 日　星期一　雨加雪

还有十来天就到春节了！

儿子把"折磨"我一个多月，凑凑合合练了首《卡农 C 大调》的事情，告诉了他的钢琴启蒙老师 —— 一位有着丰富钢琴教学经验的老师。

"熊老师说了，我给您改编的这首《卡农 C 大调》难度太大，不适合您现在练。看起来，我真是太没有教学经验了，还是请熊老师教您吧。"

2021 年 2 月 11 日　星期四　阴

今天是大年三十除夕夜。

与熊老师相互拜年后，熊老师说起了我学习钢琴的事情。

熊老师讲，我上来就弹《卡农 C 大调》是不行的，因为没有基本功。如果没有基本功，硬要弹《卡农 C 大调》这样的曲子，即使历尽艰辛，用很长时间啃下一首，也不会有持续的进步。一切必须从最最基础的开始。

根据我的情况，熊老师给我布置的第一首练习曲是《元日》（《教孩子弹唱最美古诗词》第 28 页）。对，就是北宋政治家王安石创作的那首著名的七言绝句：

> 爆竹声中一岁除，
>
> 春风送暖入屠苏。
>
> 千门万户瞳瞳日，
>
> 总把新桃换旧符。

这首诗描写的是新年元日热闹欢乐、万象更新的动人景象，充满了欢快、积极向上的奋发精神。

熊老师告诉我弹奏《元日》要注意：
1. 节奏型的掌握
这首曲子的节奏型是一个四分音符和两个八分音符的组合
2. 把节奏感弹出来
一个四分音符+两个八分音符，一强两弱。
3. 边弹边唱

边弹边唱。在唱中体会轻重缓急。怎么唱的，就怎么弹。这点很重要。不是怎么弹的，就怎么唱；而是唱好了，再去体会弹。对于成人，技术的掌握是有限的。只能通过唱去带动手，用你的手去模仿你的唱。要先唱谱，再唱词；不用很大声，但是要有感情；唱能把感情表达出来，这样你的手才可能弹奏出来。

2021 年 2 月 19 日　星期五　小雨

熊老师讲得真好，通俗易懂；布置的曲子只有短短两行，而且是我最喜欢的 C 大调！

这几天练琴，一点也不枯燥了。严格按照老师的要求，一遍比一遍弹得好。特别是熊老师说的"边弹边唱"法，让我一下就进入了状态。这首诗原本就熟悉不过，吟唱起来特别带劲；手脑眼的配合很快就变得自然了起来。

今天该交作业了，不知道熊老师怎样点评？心里有些紧张的同时，更期盼看到新的乐谱。

2021 年 2 月 23 日　星期二　晴

"听了你弹的录音，还不错，"熊老师总是以鼓励的口吻对待学生，"唱得也挺好听，但是今天，我们要上音乐理论课。"

"什么，要讲音乐理论？"我刚刚对熊老师"边弹边唱"法产生了浓厚的兴趣，还想趁热打铁，再多弹唱一首新曲呢。怎么就突然说起音乐理论了？

见我满脸疑惑，怕我这个音乐盲产生畏难情绪，熊老师便幽默地从英文字母 C、D、E、F、G、A、B，罗马数字 I、II、III、IV、V、VI、VII 和阿拉伯数字 1、2、3、4、5、6、7 入手，开始耐心地讲起了什么是音名、唱名、音级，怎样认识音级，什么是节拍和节奏律动，什么是音符和休止符等最最基础的音乐知识。

熊老师边讲，我边记着笔记，生怕漏掉一个字。每讲一个概念，熊老师总要扩展一番，然后再提出问题，让我课后思考作答。

"好了，今天先讲这么多。你需要好好消化一下。"熊老师终于讲完了。

再讲，我就崩溃了。

"现在留两首新曲弹唱——《悯农》（《教孩子弹唱最美古诗词》第 36 页）和《静夜思》（《教孩子弹唱最美古诗词》第 58 页），希望你喜欢。对了，一定要打着节拍器练习弹奏啊。"

2021 年 2 月 27 日　星期六　阴

两首新曲《悯农》和《静夜思》的确让我开心。

唐代诗人李绅的《悯农》有两首，让我弹的作业是其中的第二首。这首诗生动地描绘了在烈日当空的正午，农民田里劳作的景象，表现了农民终年辛勤劳动的生活，并表达了诗人对农民真挚的同情之心。这首诗通俗质朴，音节和谐明快。

诗仙李白的《静夜思》描写了秋日夜晚，旅居在外的诗人屋内抬头望月而思念家乡的感受。诗仙李白通过动作神态的刻画，营造了一种时空交错，令人产生亦梦亦幻的错觉，进而深化了诗人的思乡之情；语言清新朴素而韵味含蓄无穷，让人叹服。

我想，熊老师把这两首妇孺皆知的诗词留给我作弹唱练习，一定是在众多适合初学者弹琴的乐谱中选了又选，不能再选中精挑细选出来的。

一是，希望我能像烈日当空汗洒田垄的耕者那样，不辞辛苦，才能闻到麦香，终有秋收。

二是，盼望练习弹唱《静夜思》，让寓居他乡、面对疫情肆虐羁旅愁怀的我，能够舒缓心绪，感受温暖和关爱。

老师如此精心教学，学生也不能倦怠。

我把那天记下来的讲解笔记，仔细整理了一下：

一. 音名、唱名、音级

1. 七个自然音的音名和唱名

音名	C	D	E	F	G	A	B
唱名	do	re	mi	fa	sol	la	sl

2. 音级：划分音阶中各音间音程的单位（每一个独立的音）

以 C 调为例：C 大调音阶的第一个音称为第一音级，第二个称为第二音级。以此类推第三音级……第七音级（通常用罗马数字表示）。

音名、唱名、音级三者对应关系，看下表

音级	I	II	III	IV	V	VI	VII
音名	C	D	E	F	G	A	B
唱名	do	re	mi	fa	sol	la	si

扩展：什么调的乐曲，即以强调的第一音级为主音。如 C

调，即以 C 为主音；A 调，即以 A 为主音等。乐曲调性的名称源于主音的名称。再举 A 大调为例，如下表：

A 大调音级	I	II	III	IV	V	VI	VII
A 大调音名	A	B	C	D	E	F	G

提问：分别说出 G 大调和 D 大调的音级及其排列。

二．节拍 节奏

1．什么是 3/4 拍：以四分音符为一拍，每小节三拍；其节奏律动为：

强	弱	弱	强	弱	弱
1	2	3	1	2	3

2．那么什么是 4/4 拍呢？以四分音符为一拍，每小节四拍；其节奏律动为：

强	弱	次强	弱	强	弱	次强	弱
1	2	3	4	1	2	3	4

提问：请阐述 2/4 拍的含义及节奏律动，并用手拍打出来（打出重拍）。

三．音符和休止符

1．乐谱中表示音的高低和长短的符号，叫做"音符"

音符由 3 个部分组成，即符头、符干和符尾。符头，包括白符头（空心符头）和黑符头（实心符头）。符干，可以向上或向下，向上时符干写在符头的右边，向下时符干写在符头的左边。符尾，任何情况都写在符干的右边，并向符头方向弯曲。

2．乐谱中表示音停止的符号叫做"休止符"

休止符的种类、名称、时值与音符是对应的

音　符			休　止　符			时　值	
名　称	写　法		名　称	写　法		以四分音符为一拍	以八分音符为一拍
	五线谱	简　谱		五线谱	简　谱		
全音符	0	5－－－	全休止符		○○○○	四拍	八拍
二分音符	♩（♩）	5－	二分休止符		○○	二拍	四拍
四分音符	♩（♩）	5	四分休止符		○	一拍	二拍
八分音符	♪（♫）	5	八分休止符		○	二分之一拍	一拍
十六分音符	♪（♫）	5	十六分休止符		○	四分之一拍	二分之一拍
三十二分音符	♪（♫）	5	三十二分休止符		○	八分之一拍	四分之一拍

♪今日作业：
1．在谱上写出每个音的音名
2．听节拍器，用手练习打两拍、三拍、四拍的节奏
3．完成三首乐曲，掌握节奏句型

那天熊老师讲得很多，不知记得对不对，有没有什么遗漏。

2021 年 3 月 5 日 星期五 雨

"熊老师，几项作业我都完成了"。今天没等老师开口，我就连说带比画地向熊老师汇报了起来。

"熊老师，我把 G 大调和 D 大调的音级及其排列做成了下面的两个表，不知对不对？"

G 大调音级	I	II	III	IV	V	VI	VII
G 大调音名	G	A	B	C	D	E	F

D 大调音级	I	II	III	IV	V	VI	VII
D 大调音名	D	E	F	G	A	B	C

"熊老师，这两天我听节拍器，用手练习打两拍、三拍、四拍的节奏，把手都拍得快肿了！"

"熊老师，我继续认真练习弹唱了《元日》，而且把《悯农》和《静夜思》也练下来了。"我一口一个"熊老师"地叫着，急切地想让熊老师知道自己这几天的努力。

"你先喘口气，现在该我说了。"熊老师笑着说道。

"G 大调和 D 大调音级及其排列表，做得挺好。听节拍器，用手练习打两拍、三拍、四拍节奏的练习，也不错，强弱节奏掌握得也对。"

"那三首弹唱练习呢？"我忍不住插话道。

"练习这三首，要注意掌握落提的弹奏技法。落提也叫落滚。落提本质上是手腕技巧，而不是手指技巧。所谓的'落'

是指手腕向下的动作，'提'则是手腕向上的动作。"

"那我怎样练习'落'和'提'呢？"

"首先，要知道落提是手腕技巧的开始，可以先从两个音的落提练起，以后可以逐渐扩展到很多个音。具体练习方法就是第一个音手臂重量落下去，第二个音利用重心转移的方法把重心'滚'过去，然后提手。注意第二个音千万不能用高抬指的方法用力敲下去。就是第一个音落下去，这个音稍微强调一些，然后连到第二个音。第二个音必须比第一个音轻柔一些，比标记时值稍短一点，音发出来，手腕自然提起，把手带离琴键。这里，关键就是弹第二个音的手指由手腕带起来，手指参与弹奏的主动性不强。"

"啊，这么复杂。"我心里有点打鼓。

♪今日作业：《伏尔加河纤夫曲》（《约翰·汤普森成人钢琴教程》第一册第 7 页）、《钟声》（《约翰·汤普森成人钢琴教程》第一册第 7 页）

2021 年 3 月 10 日　星期三　多云

"熊老师，我能问个问题吗？"没等熊老师回答，我又接着说，"我格外注意了《伏尔加河纤夫曲》和《钟声》乐谱上的休止符。休止符不就是休息停止的意思吗，都休息停止了，那还怎样去弹休止符呢？"

"这个问题问得好！的确，休止符是不出声的，根本不需要用手指去'弹'。但是必须记住，不用弹，不是说休止符不重要；恰恰相反，弹好休止符与弹好音符同样重要。这里的'弹'是指要充分保证休止符的应有时值。练习一首曲子，必须注意音符的准确。音符的准确应该包括休止符的准确在内。”

“哦，那可有点像唐代大诗人白居易说过的‘此时无声胜有声’了。”

“这样说倒很形象，”熊老师表扬了我一下，“欢乐明快乐曲中的休止符，能使音乐更为轻松活泼；悠长抒情乐曲中的休止符，可以让音乐呈现得更为深远，在寂静中引起余音未尽的遐想。”

“《伏尔加河纤夫曲》和《钟声》乐谱中的休止符，有的在小节的开头，有的在中间而有些又在结尾。这该怎样理解呢？”

“乐句开头的休止符（如空半拍开始的乐句），可视为弹奏的准备动作；乐句中间的休止符，为乐音的进行提供暂短的间歇，从而使整个乐曲更加富有生气，充满动力，表情鲜明；乐句收尾处的休止符，使乐句的涵义更为明确——或果断，或存疑，或定论。总之，休止符，是节奏、节拍、韵律、律动链条中不可缺少的一环。损害了休止符，就损害了节奏美感。”

熊老师讲的这些，已经够我好好琢磨几天了。

♪今日作业：《小圆舞曲》、《蜜蜂》和《苏格兰蓝铃》（三首曲谱均选自《约翰·汤普森成人钢琴教程》第一册第10页）

2021 年 3 月 18 日 星期四 小雨

“怎么样，三首练习曲《小圆舞曲》、《蜜蜂》和《苏格兰蓝铃》都不是 C 大调，没有难倒你吧？”熊老师关心地问道。

“还好，就是刚开始总忘记弹那个‘黑键’。”我有点抱怨地说道。

　　"拿到一首乐谱练习弹奏时，首先要看的是五线谱开头最左上角有没有♯和♭这两个符号，有几个？。

　　"我想起来了，《悯农》和《静夜思》乐谱开头左上角就有个♭。"我插话道。

　　"不错，不错"，熊老师难得地表扬了我一下，"♯叫做升号，♭叫做降号。不同升降号的有无或者有多少，代表不同的调。你熟悉的 C 大调没有升降记号。升降记号放在谱号后面就称为调号。"

　　"哦，原来是这样。"

　　"这些都是最基本的乐理知识。学好了乐理，才能真正读懂那些好听的歌曲为什么编的那么好听！而不是一味地照着谱子'傻弹琴'。"熊老师接着又说道，"除了要了解什么是'调'，还有一个重要的乐理入门知识：音程。"

　　"什么是音程，音程是音的程度吗？"

　　"音程和'路程'相近。即从一个音到另外一个音的距离，也就是两个音之间的距离，叫音程。这个距离的单位用'度'来表示。"熊老师边讲边让我看了下面的这张图：

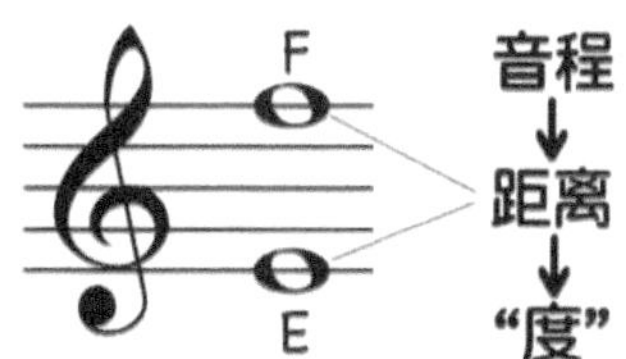

随后，熊老师又花了好长时间详细讲解了音程的作用和音程的种类。熊老师让我下课后好好整理一下，作为这一阶段学习的总结。

2021 年 3 月 23 日　星期二　小雨

我用了整个周末的时间，把熊老师讲的音程总结了出来：

一．"大二度"与"小二度"

在钢琴上，任意相邻的两个琴键之间的音程关系，都是小二度，也就是我们常说的半音。小二度在下面这个图示中，以红色的夹角来表示。

像老顽童这样乐理零基础的人，要特别注意"任意相邻的两个琴键"所指的确切概念。不但相邻的黑键和白键之间都是相差小二度；两个白键（如 E 和 F），紧紧挨在一起没有黑键相隔的相邻，这两个音的音程关系也是小二度。同样，B 与 C 也是紧紧挨在一起，它们之间的音程关系也是小二度。

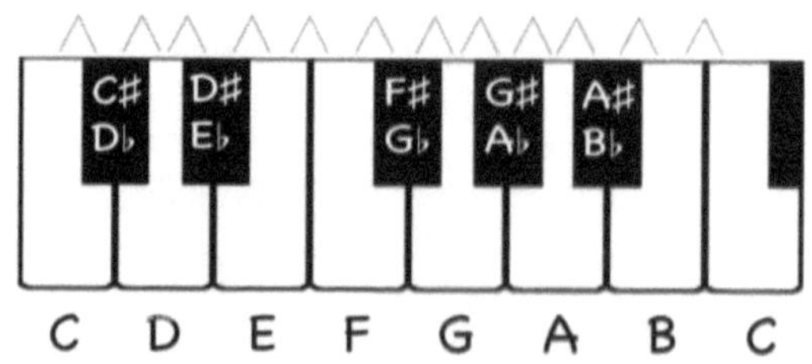

所以小二度是两个不同音高之间的最小音程单位。那么 C 到 C#是小二度，C#到 D 是小二度；C 到 D 是什么关系呢？

两个小二度叠加，在音乐里称之为一个大二度，也就是我们常说的全音。

就像 C 与 D 之间、D 与 E 之间、F 与 G 之间、G 与 A 之间、A 与 B 之间都是大二度的关系。在图中用蓝色的直角折现来表示。

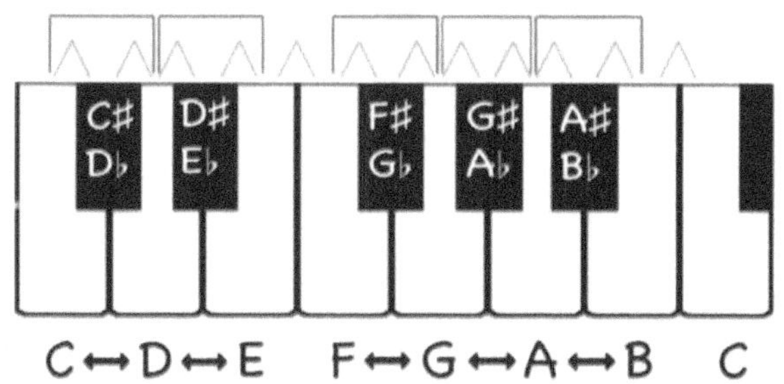

所以，一个自然大调音阶，相邻两音之间的关系为：全全半全全全半。这里的"全"就是指全音，也就是一个大二度；"半"指的是半音，也就是一个小二度。

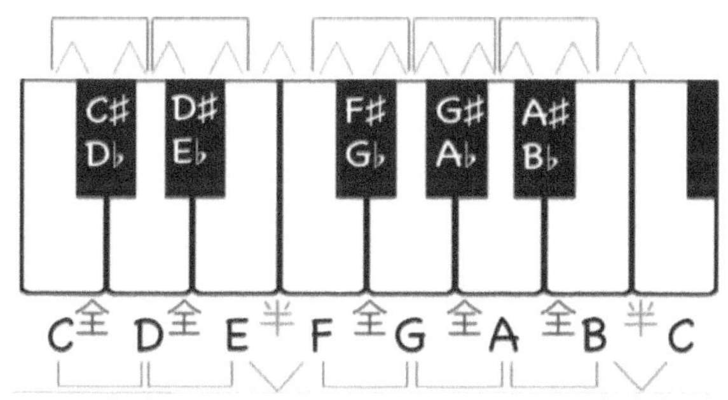

二．"大三度"与"小三度"

C 到 D 是一个大二度音程，D 到 E 也是一个大二度音程，那么 C 到 E 就是两个大二度音程叠加起来，我们就称之为大三度。

D 到 E 是一个大二度音程，E 到 F 却是一个小二度音程，那么 D 到 F 就是一个大二度加上一个小二度，我们称之为小三度。

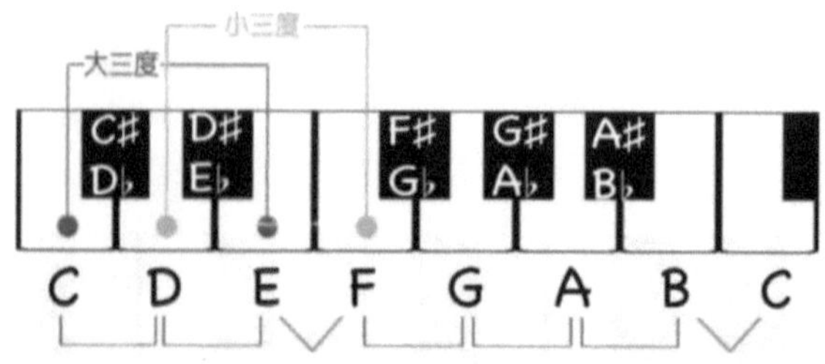

总结起来就是，

1.　任意相邻的两个琴键是小二度；

2.　两个小二度（半音）叠加就等于一个大二度（全音）；

3.　两个大二度（全音）叠加就等于一个大三度；

4.　而一个大二度（全音）加上一个小二度（半音）就等于一个小三度。

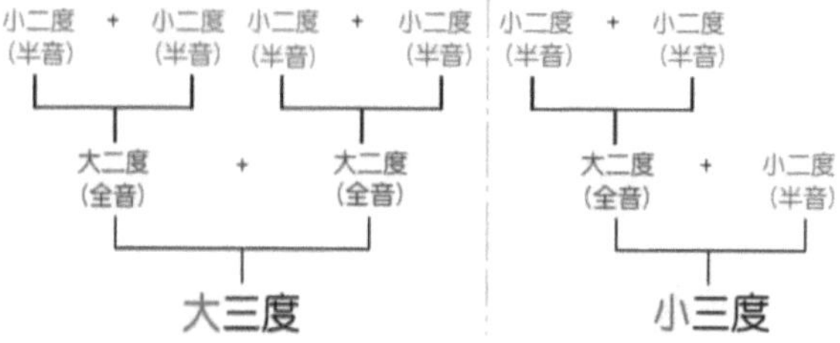

第二章　爬山坡

2021 年 3 月 26 日　星期五　阴

"不错，笔记把我那天讲的全都整理进去了。"熊老师又把我夸奖了一下。"今天我们趁热打铁，讲讲什么是纯四度和纯五度，什么是增四度和减五度。"

"得，又有的记了"，我心中暗自叫苦。

"简单地说，纯四度就是两个全音加一个半音，纯五度就是三个全音加一个半音。"

"那 1-2 是全音，2-3 也是全音，3-4 是半音；1-4 就是纯四度啦。"我在琴键上琢磨了一下说道。

"聪明。同样的，1-5 就是纯五度（包含了三个全音和一个半音）。"

"那，增四度和减五度又是怎么回事呢？"我不解地问道。

"增四度和减五度要复杂一些了，"熊老师说道，"增四度和减五度是通过加入升降号，按一定的规律，扩大了'两个全音加一个半音'纯四度的范围；缩小了'三个全音加一个半音'纯五度的范围。"熊老师接着又举例详细解释了增四度和减五度是怎样通过升降号进行扩大的。

♪今日作业：

1. 练习新曲《北风吹》（曲谱选自网络）
2. 在键盘上找出所有的纯四度和纯五度，以及增四度和减五度

"你要是在键盘上找累了，就让北风吹一吹。"熊老师最后开玩笑地说。

2021 年 4 月 5 日 星期一 多云

这几天我老老实实地坐在钢琴旁，有空就反复琢磨着纯四纯五，还有增四减五到底有多少个。最后在《北风吹》的帮助下，我把能找到的都写了下来，并作了只有我能看懂的说明：

1. 纯四度（2 个全音+1 个半音）：

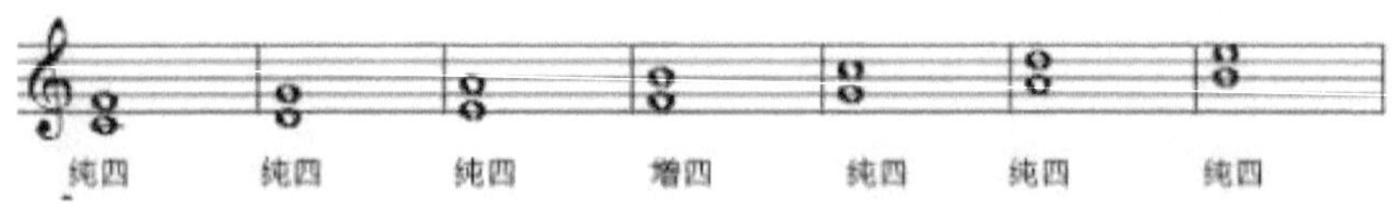

1-4 是纯四度，其实包含半音 3-4 的都是纯四度。往上平移一个音 2-5、3-6 都是纯四度；白键上除了 4-7 不是纯四度，其他都是纯四度。

2. 纯五度（3 个全音+1 个半音）：

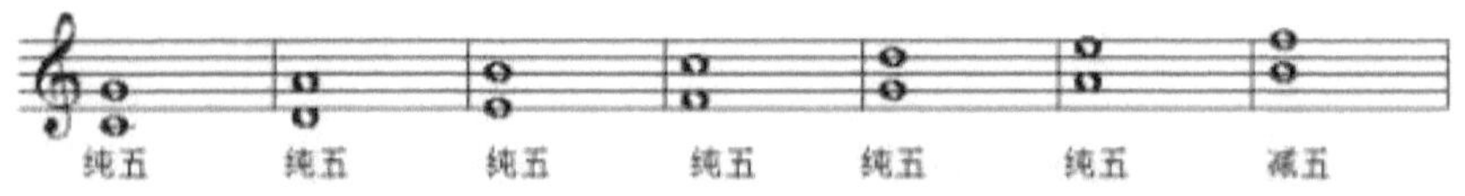

1-5 是纯五度，以此类推 2-6、3-7、4-1、5-2、6-3 都是纯五度；在白键上，除 7-4 不是纯五度，其他都是纯五度。

3. 增四度

从 1-4 开始，每一组的纯四均可变成两个增四：

一是把前面的音作降号处理，变成 b1-4，就成了增四。同样的，♭2-5、♭3-6；

二是把后面那个音作升号处理，变成 1-♯4 也成了增四。同样的，2-♯5、3-♯6。

4.　减五度

从 1-5 开始，每一组的纯五均可变成两个减五：

一是把前面的音作升号处理，变成♯1-5，就成了减五。同样的，♯2-6、♯3-7、♯4-1、♯5-2、♯6-3；

二是把后面那个音作降号处理，变成 1-♭5 也成了减五。同样的，2-♭6、3-♭7、4-♭1、5-♭2、6-♭3。

2021 年 4 月 12 日　星期一　晴

"很不错，下了番功夫。"熊老师听完我找寻纯四纯五增四减五的心路历程后说道。"不过要注意，所谓的'增四'与'减五'容易让人产生误解，以为增四就是扩大了，减五就是缩小了。实际上，增四和减五的距离是一样的，包含的全音和半音的个数也一样。例如，1 到升 4 是增四，1 到降 5 是减五，但在琴键上的位置是一模一样的。"

熊老师顿了顿道："你暂时先不用在增四减五这个问题上纠结。咱们说说今天的作业吧，给你留两首曲子练习一下。一首是《湖上天鹅》（《约翰·汤普森成人钢琴教程》第一册第 23 页），另一首是《黄梅小唱》（《约翰·汤普森成人钢琴教程》第一册第 24 页）。练习这两首曲子，你要注意强弱的变化。特别是《黄梅小唱》，虽然只有两行，但并不简单。"

2021 年 4 月 18 日　星期日　阴转晴

"熊老师，真像您说的那样，《黄梅小唱》挺不好弹的。短短两行的谱子，竟有六个表情标记：f、p、f、p、pp、sf。"

"你弹得还不错，注意到了曲子的强弱变化。不过，没能弹出第三、四、七、八、九这几个小节跳跃的感觉，"熊老师接着说道，"你再仔细看看，与其他小节相比，这几个小节大多数豆芽菜的头上是不是多了个小黑点'·'？这个小黑点叫做'跳音记号'。"

"那是不是看到这样的小黑点就要弹得有跳起来的感觉？"

"对，就是这样，"熊老师肯定地回答道，"另外，这首两行的小曲不好弹主要是因为它算是个复调，两只手都是旋律。"

"明白了。不过，我更喜欢把您刚刚说的豆芽菜，比喻成小蝌蚪。"

"哦，为什么？"

"我觉得小蝌蚪在水中游来游去的，样子很美，很有律动感。您看，齐白石老人九十一岁时，为老舍先生画了一幅水墨画《蛙声十里出山泉》。齐白石老人用焦墨画了两壁山涧，中间是湍急的急流，远方用石青点了几个山头，水中画了六个顺水而下的蝌蚪。青蛙妈妈在山的那头，蛙声顺着山涧飘出了十里。多有律动的感觉啊！"

"有道理。"熊老师回应道。

"后来《蛙声十里出山泉》还印成了邮票，成为齐白石的代表作之一，名扬海内外。"

"那，我们以后就把音符比喻成小蝌蚪吧。"熊老师说，"希望《踏级石》（《约翰·汤普森成人钢琴教程》第一册第 26 页）和《荡秋千》（《约翰·汤普森成人钢琴教程》第一册第 27 页）这两首新曲的小蝌蚪，能在你十指下交替律动着传出山泉十里。"

2021 年 4 月 26 日　星期一　小雨

"你练习《踏级石》这首曲子，有什么特殊的感觉吗？"熊老师问道。

"这首曲子的半音特别多，给人一种不稳定的感觉。这倒是和《踏级石》曲名很配的，踏踩级石就得小心翼翼，不然就摔倒了。"

"那，这首曲子一共有多少个半音呢？"

"一共有十六个半音，"我回答道，"我在乐谱上都用'小 2'标记出来了。"

"真不错，很细心"，熊老师接着说道，"在音乐理论中，小二度是关于'音程'的一个术语，是音程的一种，由一个半音组成。以你目前对乐理知识的理解，暂时可以这样说，在一般自然音程中，小二度与其他音程比是最不协和的；你在乐谱上可以用'小 2'标出半音。"

"另外，"熊老师略略顿了一下说道，"我现在解释的乐理都是最基本的一些概念，用你目前能理解的方式说给你听。随着我们学习的不断深入，有些乐理不论从广度还是深度都要进一步地延展才行。"

熊老师指着《荡秋千》乐谱说道："刚刚听了你弹的《荡秋千》，也看了你在乐谱上作的音程标记。有几点要注意一下。"

我赶紧拿起笔和纸，把熊老师说的要点记了下来：

1.　双音，直接写两个音之间的度数，不用写前后音；

2.　左手弹奏二分音符时稍重一点，弹四分音符时稍轻一点，把三拍子的节奏韵律弹出来；

3.　第 10 小节和第 11 小节的#6 到 5 你标的小 3,错了！应该是增二度。虽然#6 到 5 和小三度含的半音个数一样，但 6 到 5 是二度关系；所以#6 到 5 是增二度，不能叫小三度。

♪今天作业：《教堂钟声》（《约翰·汤普森成人钢琴教程》第一册第 35 页）、《爬山坡》（《约翰·汤普森成人钢琴教程》第一册第 36 页）

2021 年 5 月 1 日 星期六 多云

"熊老师，《教堂钟声》和《爬山坡》这两首曲子弹起来挺有意思的。"

"说说看，怎样有意思了？"

"我弹《教堂钟声》就感觉钟声好像自高处敲响，由远而近传来。而《爬山坡》则让我感觉自己真的是在登山，一会往上爬，一会又往下走。"

"你感觉得很对，"熊老师接着又说道，"《教堂钟声》使用了下行音阶，《爬山坡》则是上行和下行音阶交替使用。上行和下行的音阶能使我们把生活中的情景自然地联系起来。"

　　"练习《爬上坡》，要注意两手的交替动作，一定要提前作好准备，一手在弹，另一手在画弧线准备落到下一个音上；这首曲子不要快，重点是掌握两手交替。训练两手的衔接，尽可能做到无缝衔接的感觉。"

　　"对了，熊老师我还要问个问题。"

　　"你问吧。"熊老师鼓励我道。

　　"这几天反复练习弹奏《爬山坡》，耳边似乎总有《浏阳河》的旋律响起。《浏阳河》的中国味特别浓，一听就是中国的。这是为什么呢？"

　　"这是因为中国传统的民族音乐中，往往使用五声音阶。虽然只用了五个音符，但有着独特的魅力。"

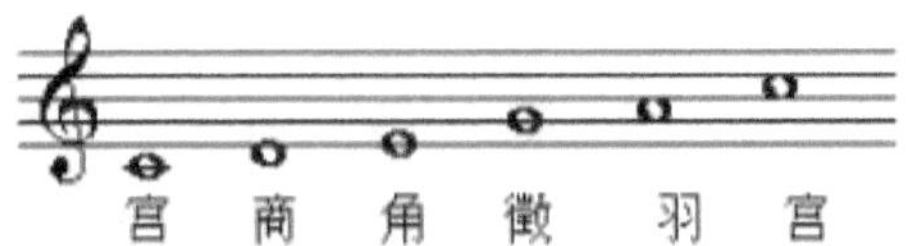

　　熊老师进一步讲解道，"中国的传统音阶有五个基本音：宫、商、角、徵、羽，即 1、2、3、5、6，也就是说没有小二度音程。五声音阶也叫做'不带半音的五声音阶'或'全音五声音阶'。"

♪今天作业：《欢乐颂》（曲谱选自网络）

2021 年 5 月 7 日　星期五　晴

　　真是想都不敢想，我今天竟然要开始练习弹奏《欢乐颂》了，虽然是简化版。

要知道，《欢乐颂》那可是世界古典音乐大师贝多芬最负盛名的"d 小调第九交响乐"第四乐章合唱部分《欢乐颂》的主旋律啊。

《欢乐颂》本是德国诗人席勒的一首诗作，气势磅礴、意境恢宏。席勒年长贝多芬十一岁，贝多芬是席勒的忠实崇拜者，这首《欢乐颂》也是贝多芬最钟爱的诗作之一。贝多芬从年轻时就开始计划着把这部诗作变成声乐作品，他曾经说过："把席勒的《欢乐颂》谱成歌曲，是我二十年来的愿望！"

席勒的旷世之作《欢乐颂》，集中体现了他的哲学思想和社会理想，讴歌欢乐，宣扬博爱。被贝多芬谱曲之后，更加意境深邃、磅礴激昂，成为一曲不朽的人类颂歌，成为现今欧洲联盟的盟歌、欧洲委员会会歌。让我们看看贝多芬节选的席勒的《欢乐颂》诗句：

● 啊，朋友，何必老调重弹	● 谁能得到幸福爱情	● 天使也高声同唱歌
● 还是让我们的歌声	● 就和大家来欢聚	● 欢乐，好像太阳运行
● 汇合成欢乐的合唱吧	● 真心诚意相亲相爱	● 在那壮丽的天空
	● 才能找到知己	● 朋友，勇敢的前进
● 欢乐，欢乐，欢乐女神圣洁美丽	● 假如没有这种心意	● 欢乐，好像英雄上战场
	● 只好让他去哭泣	
● 灿烂光芒照大地	● 在这美丽大地上	● 亿万人民团结起来
● 我们心中充满热情	● 普世众生共欢乐	● 大家相亲又相爱
● 来到你的圣殿里	● 一切人们不论善恶	● 朋友们，在那天空上
● 你的力量能使人们	● 都蒙自然赐恩泽	
● 消除一切分歧	● 它给我们爱情美酒	● 仁爱的上帝看顾我们
● 在你光辉照耀下	● 同生共死好朋友	
	● 它让众生共享欢乐	

● 四海之内皆成兄弟 ● 谁能作个忠实朋友 ● 献出高贵友谊		● 亿万人民虔诚礼拜 ● 敬拜慈爱的上帝 ● 啊，越过星空寻找他 ● 上帝就在那天空上

第三章　斯卡布罗集市

2021 年 5 月 15 日　星期六　晴

"听了你弹的《欢乐颂》，挺不错的，有点激昂的意境，"熊老师上来就表扬了我一句，"我们练琴，学习音乐知识，既要了解民族乐曲，也要熟悉西方乐曲；既要知道古典乐曲，也要知道现代乐曲；既要懂名家的，也要明白民间的。"

说着，熊老师指着乐谱道："今天就让你练一首英国传统民歌《斯卡布罗集市》（曲谱选自网络），希望像上次练《欢乐颂》那样，你能有所收获。"

2021 年 5 月 21 日　星期五　晴间多云

《斯卡布罗集市》是首既古老又年轻的英文金曲。说她古老，因其至少可追溯到 13 世纪的苏格兰民歌；说她年轻，因为 20 世纪见证了这首歌的全球化。1967 年，作为插曲出现在了由达斯汀·霍夫曼执导的《毕业生》影片中，该片被认为是有史以来最伟大的电影之一。

《斯卡布罗集市》曲调凄美婉转，于舒缓悠扬之中又带着淡淡的惆怅。在这首歌曲面前有过青春的人都难以抑制住对过往那复杂幽邃的深思，曾经的奋战、苦难和艰辛都变得宁静起来，恰似疏黄落叶的缤纷，又如晨间清醒的迷茫，只有那不变的恋人宛如风般吹进脑海、萦绕心头。

特别是歌曲的第二句唱到了四种花朵，parsley（香芹）、sage（鼠尾草）、rosemary（迷迭香）和 thyme（百里香），据说分别代表爱情的甜蜜、力量、忠诚和勇气。歌中的恋人借助唱出这些花朵的内在含义，以图缓解分离的痛苦，忍耐思念的孤独，表达彼此的忠诚。

下次上课我得想着问问熊老师，为什么《欢乐颂》让人听着就激昂振奋，而《斯卡布罗集市》听上去就令人惆怅。

2021 年 5 月 28 日　星期五　晴

"熊老师，我先问个问题。"刚一上课，我就把心中的疑问提了出来。

"你说吧，是什么问题？"

"您这两次留的作业《欢乐颂》和《斯卡布罗集市》，都非常好听。不过《欢乐颂》听着令人振奋，而《斯卡布罗集市》听了就难免有些伤感。两首曲谱翻来覆去的都是 Do Re Mi Fa Sol La Si 那几个音符，怎么会有这么大的区别呢？"

"你提了一个非常好的问题，"熊老师想了想回答道，"不过，这个问题有些大，不是一时半会能讲清楚的。"

我赶紧接着熊老师的话说："那您就先简单讲一下吧，说太多我也没概念，听不懂。"

"好，我尽量讲得通俗易懂些。音乐被称作声音的美妙组合，主要由六个要素组成，即节奏（Rhythm）、旋律（Melody）、结构（Texture）、曲式（Form）、音色（Tone Color）、调性（Tonality）。"

"今天我们主要说说节奏、节拍和调性。首先，《欢乐颂》

就一个节奏型：四个四分音符，使用了四四拍，一个音一拍，每个音饱满而热烈，使音乐庄严神圣。《斯卡布罗集市》有两个节奏型，一个是：二分音符+四分音符；一个是：三个四分音符。《斯卡布罗集市》采用了三拍子，二分音符和四分音符的交替使用，使音乐抒情而又有舞曲的律动，像是和爱的人一起跳舞，深情而甜美。其次，从调性上看，《欢乐颂》采用了明朗而开阔的大调，《斯卡布罗集市》则是柔美细腻的小调。"

熊老师看我在纸上认真地写着，知道我是想课后把刚才讲的整理出来。

"通过节奏（节拍）和调性的区别，这两首歌曲风格的区别就显而易见了。就先讲这些吧。"

♪今天作业：琶音的训练（《约翰·汤普森成人钢琴教程》第一册第 39 页）

2021 年 6 月 1 日 星期二 晴

今天是六一儿童节，我这个老顽童要在练琴声中过节了。这次的作业《琶音的训练》，倒是很应景——让我从练习"琶（爬）"开始。

"熊老师，这次作业《琶音的训练》一点也不好听，比起前两次的《欢乐颂》和《斯卡布罗集市》差远了。"我有些抱怨地说道。

"怎么，不想练了？"熊老师半开玩笑半认真地回道。

"那倒没有，只是觉得练起来平平淡淡的不好听，不带劲。"

“是啊，很多人——不论是儿童还是成人都愿练习弹奏自己耳熟能详好听的儿歌或是经典乐曲。这种想法和练法有一定的道理，因为练起来不枯燥，而且有成就感。”

“看样子，熊老师还是挺赞成我的想法的。”我心中暗自窃喜。

“但是，”熊老师接着说道，“要想在学琴路上走得远，音阶和琶音是每天必须练习的基本功。还记得你刚开始的音阶练习吧。”

“当然记得，也有些枯燥的感觉。”我回答道。

“枯燥，也得好好练。看起来，音阶和琶音的音符是按顺序排列的，弹起来并不难。但实际上，把音阶和琶音弹得又快又均匀，是很难的。必须每天认真练习，长期坚持才能弹好。此外，练习音阶和琶音十个手指都要用上，所有手指都能得到练习。你知道，我们十个手指天生的能力不一样，而音阶和琶音的弹奏要求每个音的力度要均匀一致，练习音阶和琶音，就会使手指得到平衡发展，并提高控制手指、运用手指的能力。”

“原来练习音阶和琶音这么重要，那我一定得好好练习。”我郑重地说道。

“好了，现在说一下这次《琶音的训练》”，熊老师指着谱子说道，“你看，练习琶音往往要双手交替地弹。双手交替一定要做到一点，就是提前作好准备。一个手在弹，另一个手在做跨越动作，找到音的位置，当一个手弹完时，另一个手直接就下去了。两只手要做到无缝连接才行。另外，你的节奏不准确，需要打节拍器练习。”

♪今天作业：《和弦与分解和弦练习》《故乡往事》（《约翰·汤普森成人钢琴教程》第一册第 40 页）

2021 年 6 月 8 日 星期二 阴转晴

　　熊老师这次布置作业是费了一番心思的——技术练习《和弦与分解和弦练习》与兴趣引导《故乡往事》双向并重。熊老师这是希望我在学琴路上能走得更远些。我一定要好好练习，不能让老师失望。

　　"熊老师，谢谢您上节课给我讲了音阶和琶音的重要性。我这几天每天都认认真真地活动十指，弹奏音阶和琶音呢。另外，我弹了几天《和弦与分解和弦练习》，感觉《和弦与分解和弦练习》也是每天必须练习的基本功，对吗？"

　　"你说得对，音阶、琶音和分解和弦都是弹好钢琴的基本功。俗话说，拳不离手，曲不离口。我们学弹琴，就要'音'不离指。"

　　"我知道，您这里的'音'一定是指音阶和琶音，再加上分解和弦。"我接着熊老师的话补充道。

　　"你真是个好学生。"

　　"我还有个问题。"得到熊老师的鼓励我很高兴。

　　"你是不是想问，琶音与分解和弦有区别吗？"熊老师好像能读懂我一般地问道。

　　"这确实是我的疑问。在我看来，上次练习的琶音和这次的分解和弦是一回事的啊。"我急忙说道。

"首先，我们先说说什么是和弦。和弦就是按一定的方式在音阶中提取几个音。"

"是什么方式呢？"我不解地问道。

"和弦是指三个或三个以上的乐音，按照一定的音程关系叠置起来。和弦分为柱式和弦和分解和弦。同时发音的叫柱式和弦，先后发音的为分解和弦。也就是说，和弦至少要有三个音，两个音不行，两个不叫和弦。三个称三和弦，四个称七和弦（最低最高音相距七度），五个称九和弦（最低最高音相距九度）。古典音乐中最常见的是三和弦和七和弦。"

"哦，让我想想……"我打断了熊老师的讲解。"您刚才说，和弦……几个音……堆叠在一起……那分解和弦就是把那几个纵向堆叠在一起的音，拆开分散不让这几个音同时发声了。"

"对的，是这样。我们把几个音以纵向堆叠在一起同时发音的和弦称作柱式和弦，柱式和弦的音要同时弹响。如果把和弦音作先后方式的呈现就称之为分解和弦，也就是说要把和弦一个一个音弹出来。"

"那，琶音与分解和弦的关系是什么呢？"

"分解和弦有很多种类型，琶音是其中的一种。通常分解和弦是指一个八度之内的连续和弦组成音，而琶音通常指超过一个八度的连续和弦组成音。具体来说，琶音是指有规律的向上或者向下的音符组，比如你弹成 135 或者弹成 135151，这就是分解和弦，而不能看成是琶音了。另外，分解和弦常作为伴奏的织体。"

熊老师接着说道："当然了，随着时间的推移，你会接触到更多的曲谱，会弹更多更好听、表现力更丰富的曲目。你对什么是琶音，什么是分解和弦，以及二者之间的区别，就会有更深的理解。你目前要做的就是，每一天都要认真练习手位的快速移动，手腕的协调配合，手指的积极主动，系统进行灵巧、敏捷、准确的快速感训练。"

♪今天作业：《斯拉夫进行曲》（《约翰·汤普森成人钢琴教程》第一册第 41 页）

2021 年 6 月 16 日　星期三　阴转晴

"听了你弹的《斯拉夫进行曲》，总体上还不错，需要注意改进的地方也有几处。另外，要养成这样一种习惯：那就是每拿到一首新曲谱，学着自己进行分析。"

"看样子，重点来了。"我赶紧拿出笔和纸准备做笔记。

"比如这首《斯拉夫进行曲》，是由四个乐句组成的。前三个乐句，分别含有 4 个小节；最后一个乐句有 6 个小节。"熊老师边把做了标记的曲谱给了我，边说道，"你注意到了吗，整首曲子的主旋律 32176 反复出现，但节奏不一样。"

我仔细看了看熊老师在乐谱上的标注，"可不是嘛，主旋律 32176 反复出现了七次。其中最后一次出现在左手。"

"还有，有几处你弹得有些'飘'。你得把四分音符弹稳，能站住。最后 4 个小节，你还要多练练，注意衔接，弹得紧凑一点。"

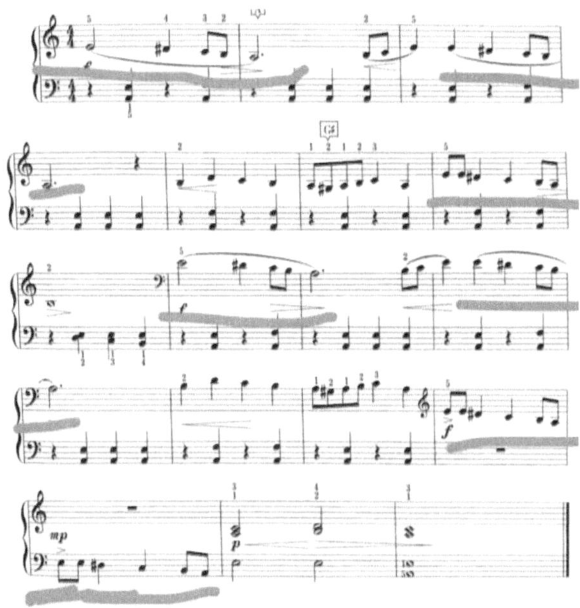

♪今天作业：分解和弦的转位；《林中黎明》（《约翰·汤普森成人钢琴教程》第一册第 44 页）

2021 年 6 月 25 日　星期五　阴转晴

"你还记得吧，两周前我们学习了分解和弦。"熊老师问道。

"记得记得，"我急忙回答说，"您当时讲，和弦指三个或三个以上的乐音，按照一定的音程关系叠置起来。和弦分为柱式和弦和分解和弦。同时发音的叫柱式和弦，先后发音的为分解和弦。"

"很好，你知道了分解和弦。今天我们学习什么是和弦的转位。对了，你是不是要准备笔和纸做笔记了？"熊老师提醒道。

熊老师已经知道我有边听边记笔记的学习习惯了，特别是听乐理知识讲解的时候。

"我们以三和弦为例。三和弦各音由下而上称为根音、三音、五音。根音在低音位置，叫做原位；三音在低音位置，叫做第一转位；五音在低音位置，叫做第二转位。"

讲到这里，熊老师指着下面的乐谱说："你来分析一下原位、第一转位、第二转位吧。"

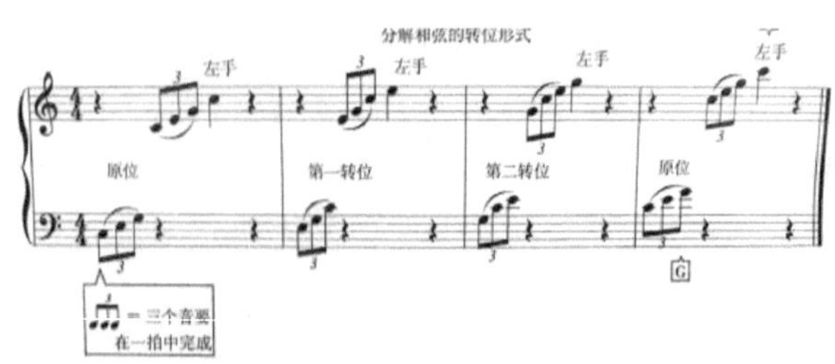

《约翰·汤普森成人钢琴教程》第一册第 44 页

"原位 135，第一转位 351，第二转位 513。"我指着乐谱的几个小节说道。

"转位，我们就说到这。下面说说《林中黎明》，左右手交替弹奏时，要注意一只手在弹，另一只手在空中画弧线做准备，两只手衔接要紧凑。另外，乐曲的第二主题可当手指练习：第一遍 1、2 指，第二遍 2、3 指，然后是 3、4 指，最后 4、5 指。"

♪今日作业：《划小船》（《约翰·汤普森成人钢琴教程》第一册第 46 页）

第四章　牧羊姑娘

2021 年 7 月 2 日　星期五　阴转晴

"听了你弹的《划小船》，给你提一些建议。"

见熊老师上来就开门见山，我赶紧拿出了笔和纸——老规矩：记笔记。

"从现在起，你会更多地接触到 C 大调以外的其他调式。你读谱要更加认真仔细些，注意不同调号的音符升降。这首《划小船》是 D 大调，乐谱中的 1 和 4 都要升。当然，以后你会遇到乐谱中有临时升降号的情况。再有就是，你要注意通过读谱找到乐句。"

"那什么是乐句，又如何找乐句呢？"我问道。

"乐句，是构成一首乐曲的基本结构单位，它能表达出相对完整的意思，如同文章中的句子一样。找出乐句，是为了体会各句之间的关系，这样才能更加理清楚作曲家创作一首乐曲的目的，想要表达什么样的情感。理解乐句之间的关系，对整首曲子的感受就会不一样。弹奏乐曲时，我们要一个乐句一个乐句地弹奏，而不是一个音一个音地弹奏。"

熊老师说到这里顿了顿，似乎是要给我留出做笔记的时间。

"具体到《划小船》，这首曲子有四个乐句，"熊老师接着说道，"全曲共 16 个小节，每 4 个小节为一个乐句。其中第 3 个乐句有两处出现了同音反复。要注意，同音反复的时候，音要做一些处理。四个音不要弹成一样的感觉，第一拍要加强一点。另外，左手要连贯，你左手的弹奏是断的。总体上，全曲弹得太过平淡，需要加强音乐的表现。"

♪今日作业：《泉水清清》（《约翰·汤普森成人钢琴教程》第一册第 46 页）

2021 年 7 月 8 日 星期四 多云

"熊老师，《泉水清清》第 1 小节和第 5 小节出现了一个新的记谱符号。看上去，像一串竖起来的小波浪。这，应该怎样弹呢？"我把读谱时看到的疑问告诉了熊老师。

"这个叫'波音'，"熊老师解释道，"弹奏时，要把手的位置摆好，手指快速地从下往上依次弹下去。也就是说，通过手指从下往上依次的弹奏，把竖起来的小波浪变成海面上起起伏伏的波纹。"

"另外，这是首 G 大调的曲子，注意要升的音。"

♪今日作业：《五个手指的连奏》（《约翰·汤普森成人钢琴教程》第一册第 48 页）

2021 年 7 月 16 日 星期五 多云

今天，熊老师给我详细讲解了怎样做才能让十个指头都灵活有力。我把老师的讲解都记录了下来：

"我们都知道，弹琴离不开十个指头。但日常生活中不同手指的使用频繁多寡，使用力度大小不一样。"

"那，应该怎样才能把十个指头练得个个都灵活有力呢？"

"你每天都在练习弹奏不同的曲目，尽管这些曲目有长有短，有的旋律性强，有的是练习音阶，等等。所有这些都是在练习十个指头的灵活性和力量。你还记得当初练习弹奏的那三首古诗曲谱吗？"

"当然记得了，是《元日》《悯农》和《静夜思》。"

"弹奏那三首曲谱，其实就是锻炼手指弹奏技术的开始——'断奏'练习。"

"当时您反复告诉我，手指在琴键上放好，然后放松将手臂提起来，手腕、手掌、手指都处于放松状态，不主动做任何动作，手臂自然落下。要弹奏的手指在琴键上站稳撑住，在发出声音后应立即放松，但手指的指关节不能松软。"

"如果把断奏比喻为'站'，连奏就是'走'了。你现在有了'站'的基础，要练习'走'了。"熊老师幽默地说。

"那怎样练习连奏呢？"

"连奏的方法是一个音弹下去手指站稳，然后抬指弹下面的音，同时把力量转移过去，前一手指离开琴键。连奏要求每个手指都具有很好的独立性，不是以前学的那种高抬手臂的断奏弹奏。连奏是断奏基础上的延伸。因为在手臂放松、手指撑住这个基本方法上，连奏与断奏完全一样。不同的是断奏时，每弹下一个音，手臂都要做落下、提起两个动作；而连奏则是把两个动作分别放在句头和句尾，句子中间的音要靠手指动作弹过去，在力量转移时手臂重量一直保持放松状态，手指不要松懈，每个手指间不能分开，要很好地连接起来。连奏要仔细听，要听清两音之间没有一丝缝隙，没有一丝重叠，就好像是被串起的一串珠子，提起第一个就能带出一串来一样。"

♪今日作业：《莫扎特的旋律》（《约翰·汤普森成人钢琴教程》第一册第 47 页）

2021 年 7 月 22 日　星期四　晴

"熊老师，您给我的乐谱除了作业《莫扎特的旋律》之外，前面还有一个预备练习：A 大调音阶与琶音。为什么要有个预备练习呢，直接练《莫扎特的旋律》不好吗？"

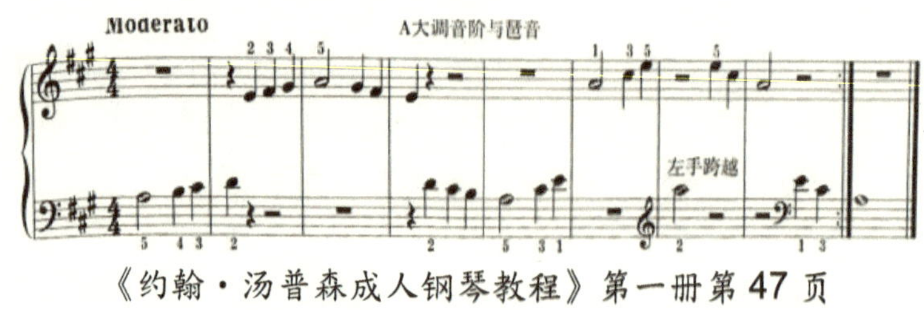

《约翰·汤普森成人钢琴教程》第一册第 47 页

"是这样，音阶弹奏涵盖了钢琴演奏中的基本指法技巧，即顺指法、穿指法、跨指法和缩指法。严格起来说，二十四个大小调音阶都要经常练。这样可以使我们系统地掌握各种调性指法规律、熟悉键盘位置的距离感、掌握手指在键盘上跑动的把位感和指距感，它是钢琴学习中的基础功内容。"

"那我每天不用干别的了，二十四个大小调音阶就够我忙的。"我小声嘟囔道。

"你现在暂时不必要每天都练习所有的二十四个大小调音阶，但相对应乐曲调性的音阶是必须弹好的。"熊老师回答道，并提出了下面三点要求：

1.　手臂松通、指法严谨、运指规范、跑动平衡呈直线状态；

2.　声音圆润饱满、有颗粒状、有弹性、音质优美、力度均衡；

3.　音阶均匀连贯、流畅自如、有速度感、有节拍感，富有歌唱性。

看我记完了音阶弹奏的三个要点，熊老师说起了《莫扎特的旋律》："这首曲子主要是注意掌握附点节奏，也就是一长一短，一强一弱。"

♪今日作业：《牧羊姑娘》（《约翰·汤普森成人钢琴教程》第一册第 42 页）

2021 年 7 月 29 日　星期四　晴

"熊老师，上次的《莫扎特的旋律》和这次《牧羊姑娘》这两首乐曲在调号后都有三个升号，可为什么《莫扎特的旋律》是大调式，而《牧羊姑娘》却是小调式呢？"我把心中的疑惑提了出来。

"这个问题问得好。看一首乐曲是大调式还是小调式，除了看调号后面的升号或者降号的多少，还有一些其他因素要考虑。分析调性这件事并不简单，是一门专门的学问，比如小调还要区分自然小调、和声小调及旋律小调。像你这样的初学者，暂时可以按这样一个简单的两步方法来区分大小调式：

"第一是看调号。之前说过一共有十二个大调十二个小调，而每种升降号组合对应了一个大调一个小调，所以知道了调号就可以二选一，迅速锁定某个大调或某个小调；

"第二是看第一个小节和最后一小节主和弦或者主音。主和弦是大调，曲子基本上就是大调，反之亦然。如若没有主和弦只有旋律，就看主音对应的是大调，还是对应的小调。"

听到这里我说道："熊老师，我自己琢磨出一个辨识大小调的办法。那就是先默唱一遍乐谱，如果整首乐曲唱起来听起来有种明亮感是大调，如果感觉暗一些的是小调。不知道这种感觉对不对？"

"你目前学琴阶段，暂时可以用这种'感觉'辅助你辨识大小调。随着你学琴的不断进步，你一定会掌握更为精准的辨识大小调的方法。"

随后，熊老师接着讲解了弹奏《牧羊姑娘》应该注意改进的地方："《牧羊姑娘》有四个乐句，其旋律优美连贯。弹奏时要把乐曲想要表达的对生活对知音的爱恋与情思，以及对美好人生的向往表现出来。特别要注意，弹奏第 5-6 小节时，右手要轻一些，因为旋律在左手。"

♪今日作业：《箫》(《约翰·汤普森成人钢琴教程》第一册第 49 页）

第五章　小星星，亮晶晶

2021 年 8 月 6 日　星期五　晴

"熊老师，我给《箫》划分乐句时，觉得与以前的乐句划分有些不一样的地方。还要请您给讲一讲。"

"说说看，怎么不一样？"

"是这样，以前划分乐句，小节划分得干净利落。乐句之间相邻的小阶，不会有交替现象。而划分曲谱《箫》的乐句时，我注意到乐句之间的小节被二次使用了。"

"首先，《箫》应划分为五个乐句，即 1 至 4 小节是第一个乐句，5 至 7 小节是第二个乐句，8 至 11 小节是第三个乐句，12 至 15 小节是第四个乐句，16 至 21 小节是第五乐句。"

熊老师停顿了一下，接着说道："划分乐句，我们一般看主干音乐的走向。像这首，我们看右手旋律就可以了，左手旋律是为了衬托右手旋律而进行，所以划分乐句时，不需要两个声部旋律同时看。但在分手练习时，你需要清楚左手乐句的划分。乐句划分后，弹奏时就要在乐句之间换气提手。要注意三点：一，手不用拎得太高；其次，初练时可以提前半拍提手，不要等到拍子弹满了再提，会很仓促；最后，提手以后不要直接落下去，而是有控制地放下去。

你按照这三点再练一练《箫》这首乐曲。"

♪今日作业：《软靴舞曲》（《约翰·汤普森成人钢琴教程》第一册第 50 页）

2021 年 8 月 12 日 星期四 晴

熊老师说，《软靴舞曲》节奏感很强，并告诉我弹奏时要注意的几点。

右手
1. 小连线音用"落提"方式弹奏，重音落在第一个音上
2. 同音反复的音，不要弹得呆板，要有节奏律动，力落到指尖

左手
1.手型保持，手腕放松，有准备地落下去
2.4/4 拍的节奏律动——强 弱 次强 弱
3.双音弹整齐，不要砸琴，声音要有弹性

♪今日作业：《小星星》（乐谱选自网络）（之一）

2021 年 8 月 20 日 星期五 阴

这一周是跟着熊老师学琴以来最为轻松的一周。

对我来说，读唱《小星星》（之一）的曲谱已经变得比较简单了。首先，是我喜欢的 C 大调。其次，早已熟悉了《小星星》的旋律。

"不错，弹得不错。"熊老师接着说道，"类似《小星星》这种曲子，要弹下来是不用花多少力气的，但你若要真正把它弹好，其实并不容易。因为简单的曲子往往要把握丰富的感情，是很有难度的。而且《小星星》闪烁时那种活泼的状态，也是要有心中尚有童真的人才能准确展现出来的。所以，弹《小星

星》并不难，但要弹好不容易了。"

♪今日作业：《小星星》（乐谱选自网络）（之二）

2021 年 8 月 26 日　星期四　阴

"你知道吗，你这两周练习的这首《小星星》看似简单，实际上可是大有来头的。"

"熊老师，那您可得给我好好讲讲！"

"这首久经传唱的摇篮曲的旋律来源于一首 18 世纪的法国民谣 *Ah! Vous dirai-je, maman*（啊！妈妈您听我说）。原文是一首牧羊人风格的爱情诗，与世人所知的童谣相去甚远。1778 年初夏，在巴黎旅居的莫扎特无意间听到了这段旋律，并在 1781 年左右回到维也纳后根据这段旋律，将其演绎成这首主题与 12 首变奏曲 KV. 265。在莫扎特完成作曲时，这段法国爱情诗还没有成为世人皆知的《小星星》呢。二十多年后，英国著名女诗人 Jane Taylor（简·泰勒）填词，于 1806 年正式形成现在广为人知的英国经典儿歌，歌曲原名为 *Twinkle Twinkle Little Star*，至今在全球已经广泛流传了两个多世纪。"

"真有意思，没想到《小星星》还有这样的一段经历。"我高兴地说道。

♪今日作业：《小星星》（乐谱选自网络）（之三）

2021 年 9 月 3 日　星期五　阴

"熊老师，加踏板的《小星星》怎么这么难弹啊——小星星乱成了一锅粥！"我垂头丧气地说。

"怎么了？"熊老师问道。

"唉，我现在一看到踏板标记，就头疼不已。不加踏板还能听出是小星星，加上踏板就听不出是什么了。"

"踏板的应用的确是个难题，但这也是你必须掌握的钢琴弹奏技能。你现在可以用这样的方法练习：先把《小星星》曲子练熟，没熟练之前不要踩踏板；左手需要单独练习，直到能比较好地控制再加右手；踏板可以分手练熟后加上，右手练时跟着右手踩，左手练时跟着左手踩。"

2021 年 9 月 10 日　星期五　多云间晴

"怎么样，你的《小星星》是不是一闪一闪亮晶晶了呢？"熊老师幽默地开始了今天的授课。

"唉，这一周过得好辛苦，《小星星》还是一点眉目都没有，对踏板仍然没有一点感觉。"我有些抱怨地回答道。

"你左手弹得太重了，把右手的旋律盖住了。弹奏《小星星》（之三），左手的控制力要很强，因为左手从头到尾都要轻柔。"

"哦，怪不得我左右手单独练习时，能听出右手弹的小星星旋律。"我一下恍然大悟。

"关于踏板，你可以先在简单的版本上练踏板；直接练难的版本也可以，那就是分手先练习对手指的控制力，再合手慢练。踏板也是，先数拍子单独练习踏板——1234，1 踩 4 放；踏板放的时候，注意踏板是贴着脚一起起来的，不要让踏板离开脚。数 1234，1 的时候踩下去，4 的时候放，依此循环。"

2021 年 9 月 17 日　星期五　雨

"听了你弹的《小星星》（之三），挺有进步的。"

"熊老师您不知道，我这些天除了吃饭，整天都在琢磨小星星和踏板，或者踏板和小星星。就连睡觉都在想怎样才能让手脚听我指挥。"

"这几周给了你三个不同版本的《小星星》，三个谱子从易到难。经过不断的练习，三个谱子你都弹下来了，值得表扬！"

"这得感谢您的不断指点！"听到熊老师的表扬，我非常高兴，更是发自内心地感谢熊老师超高水平循序渐进的讲授。

"也谢谢你对我钢琴教学的肯定。"熊老师谦虚地答道。"这次，请你把《小星星》三个版本连在一起弹，最简单的作为主题，后面两个作为变奏。记住，下次上课我可要检查啊。"

♪今日作业：《舞蹈课》（《约翰·汤普森成人钢琴教程》第一册第 52 页）

第六章　　小草之歌

2021 年 9 月 23 日　星期四　多云转晴

熊老师说要检查我《小星星》三个版本连在一起弹的作业，我非常重视。除了认真练习弹奏规定的作业《舞蹈课》，我自觉地加时练习 "三连星" 式的《小星星》，一定不能让熊老师失望。

"真不错，《小星星》这次终于星光闪闪了，"熊老师高兴地说道，"再给你送个'福利'吧。"

"福利？"我一时蒙住了。

"我再展开讲一点有关踏板的事情。"熊老师说道。

"踏板在五线谱中有两种写法：

1.　　线性记号；

2.　　英语单词 pedal 的缩写 PED 的艺术写法。"

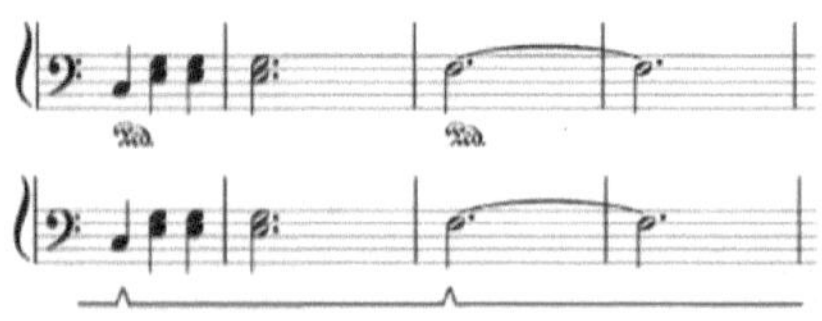

"另外，踏板一定不能一踩到底，必须有踩有放。初学踏板时，一定要格外注意踏板'踩'与'放'的时间点。那就是看到踏板标记时，要把与踏板标记对应的音符弹下后瞬间抬起，再立即踩下。"

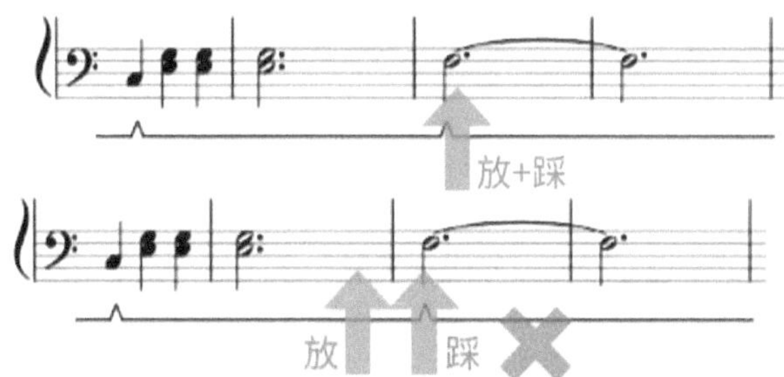

"我一定不断练习，找准踩放踏板的时间点。"我认真地回答道。

"好了，现在来说说你弹的《舞蹈课》。"

"你注意到了嘛，这首《舞蹈课》的旋律在左手，而右手主要是伴奏。你整首曲子的节奏掌握得不准确，你要左右手分开练，把乐谱弹熟练；然后左右手再分别加上节拍器练习；最后左右手合起来练。"

♪今日作业：《让你的眼睛与我深情对望》（《约翰·汤普森成人钢琴教程》第一册第 58 页）

2021 年 10 月 1 日　星期五　晴

"《让你的眼睛与我深情对望》这首曲子，是六八拍。六八拍的曲子每小节有两个重音，分别落在第一拍和第四拍上。另外，整曲三处有由弱渐强，由强渐弱的标记，你没有表现出来。"

"谢谢熊老师，您说的这两个地方，我一定多加注意，一定再好好练练。"

♪今日作业：《布谷钟》（《约翰·汤普森成人钢琴教程》第一册第 60 页，练习双音手腕断奏（《约翰·汤普森成人钢琴教程》第一册第 60 页）

2021 年 10 月 8 日　星期五　阴

　　"今天我们先说说'双音手腕断奏'。从字面意思可以看出，双音手腕断奏包含了三个内容，即双音、手腕和断奏。"说到这里，熊老师停了下来。熊老师知道，我肯定要拿出笔和纸做笔记了。

　　"其实，你对双音、手腕和断奏并不陌生，只是还没有同时加以运用过。"

　　"那，我应该怎样练习'双音手腕断奏'呢？"我急忙问道。

　　"双音手腕断奏的要点在于下键时，不同的手指需要整齐均匀。双音演奏对手腕的要求非常高，无论是八度双音还是三度双音，无论是断奏还是连奏，手腕的放松都是至关重要的。学习钢琴，手腕与双音的结合练习，是一项重要的技能。"

　　"谢谢熊老师的讲解。"

　　"对了，你昨天跟我通话抱怨说，你弹奏的《布谷钟》听不出是钟声在鸣。现在我们就来谈谈这个问题吧。"

　　"练习《布谷钟》，必须要注意'落提'。这一点，乐谱已经标注出来了。还记得吗，一开始练习弹唱《元日》、《悯农》和《静夜思》三首曲子时，我们就说过落提的弹奏技法。现在，我再重新讲一讲有关落提弹奏的要点。落提本质上是手腕技巧，而不是手指技巧。所谓的落是指手腕向下的动作，提则是手腕向上的动作。具体演奏方法就是第一个音手臂重量落下去，第二个音利用重心转移的方法把重心转移到二指上去，利用手指尖的滚动把手提起来，或者叫带起来更恰当。要注意的是，第二个音不能用高抬指的方法用力敲下去。《布谷钟》乐谱里的落提，都是两音连线落提。你要表现出两个音之间的音色差异，给人带来音乐的律动，让人仿佛听到 17 世纪中叶德国黑森林地区钟表制造匠人精心制作的布谷鸟的鸣叫报时声。"

♪今日作业：《小草之歌》（《约翰·汤普森成人钢琴教程》第一册第 51 页）

2021 年 10 月 15 日　星期五　雨

《小草之歌》是我非常喜欢的歌曲。自己五音不全，能哼唱的歌曲几乎没有，但《小草之歌》却是个例外。《小草之歌》是音乐剧《芳草心》的序曲、插曲和片尾曲，于 1985 年发行。1984 年，《小草之歌》获得国务院文化部歌剧音乐创作一等奖，2008 年获得改革开放 30 年 30 首流行金曲奖。特别是房新华在 1985 年中央电视台春节联欢晚会上演唱了该歌曲，从此更是风靡全国。

"《小草之歌》是 a 小调的二段体乐曲，具有一种质朴的美，风格清淡而抒情，给人以亲切感。前半段具有复调性；后半段进入高潮，有一种可望而不可及的神韵。整曲虽短小，却很有感染力。"熊老师给我讲解完这首曲子的主题风格后，接着说道，"弹奏《小草之歌》要注意以下几点：为复调乐曲，练习时分手唱谱；注意节奏重音，尤其是切分节奏；注意指法，固定指法。另外注意强弱变化和左右手旋律的衔接。"

♪今日作业：《开花调》（《约翰·汤普森成人钢琴教程》第一册第 59 页）

第七章　啄木鸟与快乐的啰嗦

2021 年 10 月 22 日　星期五　雨

"听了你重新练习的《小草之歌》，有很大改进。不过这几处的切分节奏都不准确，因为左手第二拍慢了。要打着节拍器练习，先以八分音符为一拍去练。"

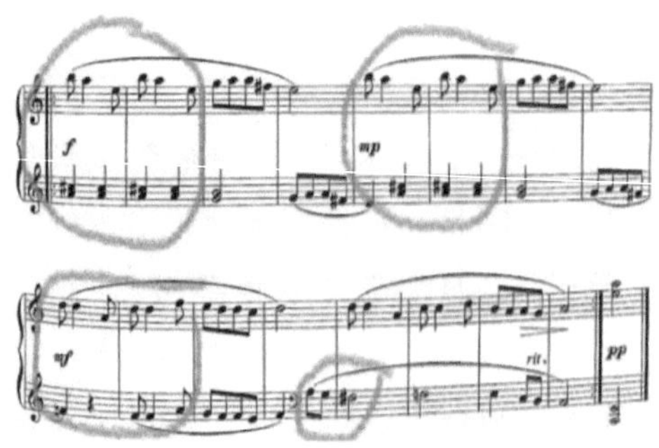

"切分节奏是弹奏中的一个难点，是弹奏中最常见的问题。简单来说，《小草之歌》中的几处切分音有三个音符。弹奏时，中间的音要弹得长且重，两边的音要弹得短且弱。也就是说，第一个音符弹半拍，中间的音符弹一拍且强，第三个音符也弹半拍。这样弹出来的效果就是切分节奏效果。"

在讲解《开花调》之前，熊老师先给我纠正了《小草之歌》切分音弹奏不准确的几个地方。

"下面我们再说说《开花调》。"熊老师接着说道，"你知道吗，'开花调'是流行在山西太行山区的一种山歌。在那里，不只是植物可以开花，其他东西也可以开花，甚至桌椅、板凳和石头也可以开花，例如'剪子开花尖对尖'，'门搭搭开花不来来'。开花调音乐的基本结构都是上下句反复而成。音域不宽，节奏较规整，以委婉、清秀见长。使用三拍子是它的特点。"

"熊老师，可这首曲子标出的拍号是 6/8 拍啊。"我急忙插话道。

"你提的问题很好，我给你解释一下吧，"熊老师接着说道，"6/8 拍属于复二拍子，6/8 拍相当于两个 3/8 拍。6/8 拍是先将一个小节分成 2 份，再把每一份分成 3 份，但强弱规律和 3/4 拍一样的。"

"熊老师，我知道了 3/4 拍的强弱规律是强弱弱，那 6/8 拍就是两次强弱弱喽。"

"这样说，不完全准确。你还记得吧，每小节只能有一个强拍。因此 6/8 拍的强弱规律是强弱弱，次强弱弱。"

♪今日作业：《啄木鸟》（《约翰·汤普森成人钢琴教程》第一册第 56 页）

2021 年 10 月 29 日　星期五　阴

看到熊老师布置的作业《啄木鸟》曲谱，心中暗自窃喜。这也太简单了——整首曲子大部分都是同音反复。我想熊老师也一定觉得这首曲子对我来说有点简单了。以往熊老师布置新曲，都要先把新曲的示范弹奏给我，让我作为参照。

熊老师说，从《啄木鸟》开始让我自己识谱唱谱，找节奏找乐感。

对，我一定要努力，不能让熊老师失望——最多三天，不，最多两天一定能拿下。

可是等坐在琴凳上开始练习，我才知道《啄木鸟》真的不简单。

我整整练了一个星期，仍然听不出在弹什么，一点旋律的感觉都没有找到。

2021 年 11 月 5 日 星期五 雨

"熊老师，我练习了好几天，怎么找不到啄木鸟'笃、笃、笃、笃'给大树看病的感觉呢？"我迫不及待地向熊老师请教起来。

"练习弹奏《啄木鸟》，弹好跳音是关键。弹奏跳音，指尖要有弹性地触键，想象双脚跳绳的感觉，一定要学会放松，别跳僵。另外，一定分手慢练。"

熊老师接着说道，"再给你留两首曲子作业，你可以与《啄木鸟》一起练习。感觉一下三首曲子的相同与不同之处。"

♪今日作业：《快乐的啰嗦》《玩具娃娃进行曲》(《约翰·汤普森成人钢琴教程》第一册第 57 页)

2021 年 11 月 12 日 星期五 阴

按照熊老师的指点，我分手慢练了很多次《啄木鸟》，然后再合手练，终于找到啄木鸟笃、笃、笃、笃给大树看病的感觉了。

可是《快乐的啰嗦》和《玩具娃娃进行曲》这两首曲子，又让我犯了难。特别是《快乐的啰嗦》，让我怎么也快乐不起来。

《啄木鸟》从头到尾几乎都是同音连跳，而《快乐的啰嗦》这种感觉又不管用了。别看《快乐的啰嗦》只有短短的两行，处处都是难点。

"熊老师，我又遇到难题了——《快乐的啰嗦》让我不快乐。"

"《快乐的啰嗦》费劲的原因是因为左手的跳音一直在变化，所以一定要分手慢练。"

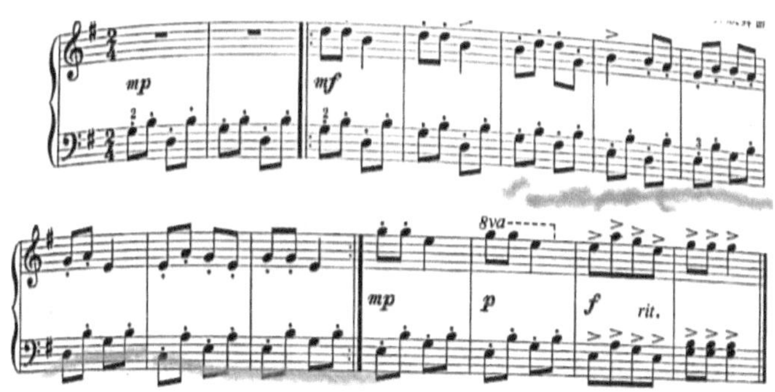

"另外，画线部分很难弹顺，所以一定要慢慢练习。记住变化的那个音的走向：即左手每两个音的第一音，5432 3525 1335。"

"最后，从标红的地方开始，第二个音都是固定的 6 或 7，所以不用管，看第一个音的走向。"

♪今日作业：《卖报歌》（《约翰·汤普森成人钢琴教程》第一册第 62 页）

第八章　沉思与晨歌

2021 年 11 月 19 日　星期五　阴

音乐家聂耳 1933 年底创作的《卖报歌》，乐曲曲调简单，朗朗上口，曲调明快、流畅，刻画了报童不怕艰苦，在大风大雨里仍坚持满街奔跑叫喊卖报的可爱形象，表现了报童生活的艰难，活泼可爱的报童令人同情和喜爱。

自己能记住的歌曲没有几首，但这首《卖报歌》的旋律我还是非常熟悉的。

"听了你弹的《卖报歌》，附点节奏有点不准确，另外几个地方有错，要再仔细看一下音。《卖报歌》可以再稍微慢点弹，把连线的地方连起来弹会更好听，要有连和跳的对比。"熊老师认真给我弹的《卖报歌》做了点评。

♪今日作业：*Reflections*（沉思）（曲谱选自网络）

2021 年 11 月 26 日　星期五　阴

"熊老师，按照您的指点，我又认真读了几遍乐谱，把弹错的音都改正了，附点节奏我也反复练习了很多遍。"

"我听了你重新弹的《卖报歌》，很有进步啊。"熊老师鼓励我道。

"另外，熊老师，我现在又具备了一个新本领：自我找错纠错，可以对照乐谱，听自己弹的录音挑毛病了。"我迫不及待地告诉熊老师我的新本领。

"太棒了！能自我纠错，这是一个很大的进步，后面的学习也就更顺畅了。"熊老师高兴地说道。

接着，熊老师转了话题，"好了，现在我们说说 *Reflections* 这首曲子吧。"

"熊老师，我觉得 *Reflections* 是我学琴以来比较复杂的曲子。首先，在八行曲谱上音乐标记多，有 mp、mf、f、p 这样的强弱标记；也有 simile、a tempo、rit、poco rit 这样的速度标记；还有使用踏板标记，以及临时升降号等等——这首曲子把我学过的音乐标记好像全用上了。"

"不错不错，就要这样仔细读谱，"熊老师赞许地接着说道，" *Reflections* 是由作曲家丹尼斯·亚历山大（Dennis Alexander）创作的，他是当代北美最多产和最受欢迎的教育钢琴作曲家之一。这首 *Reflections* 是抒情浪漫的作品，需要使用踏板，要注意乐句之间的有机衔接。对你来讲，这首曲子是很有挑战性的。总体上，你弹奏得还不错，不过还要把抒情浪漫表达出来，增强感染力。"

♪今日作业：《晨歌》（曲谱选自网络）

2021 年 12 月 3 日　星期五　多云

学琴快一年了。日复一日十指在键盘上上下下舞动，音乐在指尖流淌，自己弹奏出来的旋律虽然并不十分准确，没有那么动听，但仍能绕梁三日。这真要感谢自己的坚持，感谢熊老师的精心讲授，在学琴路上有了收获，有了惊喜，发现了"未知我"。

如今，练习弹奏着挪威最杰出的作曲家格里格（Edvard

Grieg）的《晨歌》（*Morning Mood*），彷佛置身辰光微露、静谧清新的树林中，听着树叶瑟瑟之声，感受着穿过云层的阳光照在身上的温暖。

"听得出，你是带着情感弹奏《晨歌》的，"熊老师说道，"《晨歌》是首长盛不衰的经典旋律，具有牧歌风格、田园风味、淳朴自然。你可以把这首曲子作为保留曲目，经常拿出来练练。"

♪今日作业：《罗曼史》（曲谱选自网络）

问题回答：

1. 这首乐曲是什么调？

2. 什么风格，什么速度？

3. 几个乐句？

4. 左手有几个分解和弦，是什么和弦？

第九章　平安夜

2021 年 12 月 10 日　星期五　雨

这次，熊老师不但让我练习弹奏新曲《罗曼史》，还要我回答四个问题。

我的答案依次是

1.　调性：a 小调；

2.　风格和速度：抒情风格、中速；

3.　乐句：此曲分为两个乐句，前两行为第一乐句，后两行为第二乐句；

4.　左手有三个分解和弦，分别是 Am 小三和弦６１３、Dm 小三和弦６２４及 E 大三和弦#５７３

"熊老师，您来看看我回答的对不对。"刚一上课，我就急忙问道。

"我们先复习一下什么是大三和弦和小三和弦吧。"

"这个我知道，"我大声说道；"大三和弦是大三度+小三度，小三和弦是小三度+大三度。"

"回答对了，６１３是小三+大三，所以是小三和弦，"熊老师接着问道，"那你看看，你说的６２４符合哪个规则呢？是大三度+小三度，还是小三度+大三度？"

我在琴键上弹了一下，"熊老师６２４，是纯四+小三。那该怎么办呢？"

"６２４是纯四+小三，说明这不是一个原位和弦，原位和弦一定是三度叠置。我们可以这样做，２４三度的保留，把６转一下，就变成了２４６和弦。"

"哦，原来是这样"，我认真琢磨了一会，"那另一个也是一样的吧，#573是小三+纯四，所以不是原位和弦。#５７三度的保留，把３转一下，就变成了3#５７和弦。"

"很不错，就是这样做。"熊老师高兴地说道。"我们再说说《罗曼史》的弹奏吧。你右手旋律还需要弹实；同音反复时，在第一个音还没完全放掉就要把第二个音弹下去，不要放干净了再弹，那样旋律太断。你可以试着手指把旋律弹得连贯流畅，而不依赖踏板。左手试着单练，弹出音乐的流动性，别机械化。"

♪今日作业：《夜曲》（《约翰·汤普森成人钢琴教程》第一册第 63 页）

问题回答：

1. 这是什么调？

2. 什么风格？

3. 什么速度？

4. 几个乐句？

2021 年 12 月 17 日　星期五　雨

我的答案是：

1. 是 g 小调

2. 具有浪漫曲风格

3. 行板速度 60-69 之间

4. 四个乐句：每一行即一个乐句

至于对不对，那还得请教熊老师。

"这首曲子是降 B 大调，不是你说的 g 小调。"熊老师指出了我的错误。

"熊老师，从这首曲子的调号看，应该有降 B 大调和 g 小调两种可能。怎样正确判断是哪一个呢？"我问道。

"好，我给你讲一下，"熊老师接着说道，"传统乐曲和声进行都是从 I 级和弦开始，最后回到 I 级和弦。所以我们一般看曲子的开始和结尾，就可以判别是什么调。如果是 g 小调，那开始和结尾的和弦就应该是５７２，但这首曲子的开头和结尾是７２４，这样就可以判断是降 B 大调。"

"听了你弹奏的《夜曲》，你左手弹得太强了，盖住了右手的旋律。你课后练习时，左手要弹得轻柔，这样才能起到烘托右手旋律的作用。"熊老师叮嘱道。

♪今日作业：《平安夜》（曲谱选自网络）

2021 年 12 月 24 日　星期五　雪

《平安夜》是一首广为流传的圣诞颂歌，是世界各地圣诞节必唱的歌曲——她平和、安详、宁静的歌曲，感动了无数人的心。

1818 年 12 月 24 日圣诞夜，在奥地利一个叫邬本道夫的小村庄的圣尼古拉斯教区教堂里，首次唱起了这首《平安夜》。歌词是奥地利一小乡村教会神父 Joseph Mohr 在 1816 年用德文写成的；1818 年圣诞夜前夕，交由当地一位默默无闻的音乐老师 Franz Gruber 谱曲。迄今为止，这首圣诞颂歌已被翻译成 40 多种语言，各种流派的歌手都演唱录制过这首优美的《平安夜》。2011 年，这首歌被联合国教科文组织定为非物质文化遗产。

"这首歌曲我们都耳熟能详，你弹得不错。不知你注意到没有，弹奏《平安夜》，一共有三个手位，把这三个位置熟悉记住，应该能更好地衔接乐句，让整个曲子更为流畅。"

听到熊老师的指点，我在键盘上试了试。果然，衔接得更自然了。

♪今日作业：*A Holly Jolly Christmas*（曲谱选自网络）

2021 年 12 月 31 日　星期五　晴

约翰尼·马克斯（Johnny Marks）于 1962 年创作的 *A Holly Jolly Christmas*（冬青欢乐圣诞节）其旋律诙谐有趣，是圣诞节乐曲的经典之作。

熊老师讲解的 *A Holly Jolly Christmas* 弹奏要点是：

1．双音有意识的去强调高声部的音；

2．节奏重音落到长拍子音上，曲中的附点四分音符都可以稍强一些，把力量沉下去；

3．曲子分三部分，第二部分抒情段落可再歌唱一些，适当加踏板；

4．弱起乐句的开始，两个八分音符要轻，把力送到下一小节的强拍音上。

我对照这四点，又练了练。感觉不一样了。同样的音符，不同的力度、不同的节奏轻重等等，哪怕细微的处理变化，完全不同的结果。老师的指点真是神奇！

♪今日作业：《可爱的玫瑰花》（《约翰·汤普森成人钢琴教程》第一册第 64 页）

2022 年 1 月 8 日　星期六　雪

熊老师说，《可爱的玫瑰花》有着非常好听的旋律。练习弹奏之前，可以做一些资料搜集查阅功课，最好能跟着视频学唱这首歌曲。这样可以更好地弹奏出新疆哈萨克族民歌的特点。

按照熊老师的建议，我在网上查看了一番——

原来，《可爱的玫瑰花》是素有"西北民歌之父"、"西部歌王"之称的中国民族音乐家王洛宾的一部非常出色的作品！

《可爱的玫瑰花》这首歌，也叫《都达尔和玛丽亚》。据有关资料显示，《都达尔和玛丽亚》是流传在中亚草原上的一支民歌，1939 年，王洛宾接触到了这首哈萨克族民歌，并开始收集加以润色改编，形成了现在的版本。

在查看文字资料的同时，我也跟着几个视频中的歌手哼唱了几遍《可爱的玫瑰花》。

虽然熊老师给我的《可爱的玫瑰花》乐谱不是完整的全曲，但这样查看相关资料，跟着哼唱的方法，让我受益匪浅。

我要好好努力，争取早日弹奏完整版《可爱的玫瑰花》。

♪今日作业：《老黄牛》（《约翰·汤普森成人钢琴教程》第一册第 65 页）

第十章　老黄牛

2022 年 1 月 15 日　星期六　多云

看到乐谱上《老黄牛》三个字，让我不禁想起宋朝诗人李纲的诗《病牛》：

耕犁千亩实千箱，力尽筋疲谁复伤？
但得众生皆得饱，不辞羸病卧残阳。

说的是一头年老多病的耕牛，为了众生都能有粮果腹，即使拖垮了病倒卧在残阳之下，也在所不辞。

人们说，诗言志。同样的，音乐也能言志。

熊老师听了我的弹奏，指出了几点需要改进的地方：1. 第 2 行第 1 小节，附点音符不准确；2. 第 2 行第 2 小节，修饰音不准确；3. 第 2 行第 4 小节及第 3 行第 3 小节，左手应为 1，但弹错成 2；4. 第 3 行反复标记——只重复标记符号内的音符，并注意第二遍的渐慢要弹出来；5. 最后三个音是在一起的，谱子上挨在一起的音，在钢琴琴键上肯定也是在一起的。

啊，有这么多问题。看样子，我的"音乐也能言志"理想，还有很长的路要走。

♪今日作业：《在爱尔兰草原上》（《约翰·汤普森成人钢琴教程》第一册第 66 页）

2022 年 1 月 22 日　星期六　多云

时间过得好快呀，跟着熊老师学琴快一年了。熊老师教学经验丰富，深入浅出的讲解，精准漂亮的示范弹奏，让我对音乐有了发自内心的喜爱。

每天坐在钢琴前，练上个把小时，眼见乐谱上一个个静静无声的音符，在自己有节奏有强弱有快慢指尖的舞动下，变成了鲜活有生命的律动。

随着时间的推移，不论视谱弹奏，还是断奏连奏，乐句划分与理解等等，各个方面都有了不少提高。现在看到新谱，除了能比较快地在键盘上弹出对应的音符外，有了"闲心"，或者说是能力，不再满足仅仅把乐曲弹奏出来；而是考虑怎样才能更好地表现乐曲想要传递出的情感。

像这首《在爱尔兰草原上》，在练习弹奏前，我会查看一些资料，了解一下与爱尔兰音乐有关的知识——

爱尔兰音乐在世界上拥有重要的地位。1814 年至 1816 年，维也纳古典乐派音乐家贝多芬，曾在短短两年之内就改编了多达 62 首的爱尔兰歌曲。

18 世纪，柏林诗人托马斯·摩尔（Thomas Moors）为民歌《夏天的最后一朵玫瑰花》作词，"夏天里最后一朵玫瑰还在孤独地开放，所有它可爱的伴侣都已凋谢死亡。再没有鲜花陪伴，映照它绯红脸庞，与它一同叹息悲伤"，当哀伤的旋律感染了人们的心灵，爱尔兰音乐也打动了全世界的耳朵。

爱尔兰音乐之所以能打动人们的心灵，是因为组成爱尔兰音乐基调的三种乐器，即浪漫的哨笛、悠扬高亢泛音迷人的风笛，以及演奏时拥有飞瀑之感的竖琴。这三种乐器的使用使爱尔兰音乐形成自己独有的特色，带有明显的民族符号，从而流行于世界。

听完弹奏练习，熊老师指出了我需要改进的地方：第 6 小节最后两个八分音符，与第 7 小节的 4 个八分音符，要和前面八分音符保持一样的速度，别慢下来。

♪今日作业：《美丽的兰花花》（《约翰·汤普森成人钢琴教程》第一册第 67 页）

2022 年 1 月 29 日　星期六　阴

《美丽的兰花花》是一首广为流传的陕北民歌。陕北民歌是中国民间艺术的一朵奇葩，由于独特的地理优势和人文环境，经过多年的发展与演变，陕北民歌形成了具有丰富的生活基础，旋律奔放、抒情自然等独特的艺术风格。其代表作《兰花花》是陕北民歌中流传最广的典范作品之一，曲调高亢开阔，奔放有力，悠扬抒情，节奏自由。

这首曲子，我要弹好还是挺不容易的——特别是要做到乐谱上"左右手的音色均要柔美，还要表现出二声部此起彼伏的复调效果"，这种比较"虚"的要求。

我想，这只能静下心来，沉浸在由每个音符组成的音乐海洋中，将音符组成的旋律一点一点地逐渐变成自己生活的一部分。

♪今日作业：《赤诚花》（《约翰·汤普森成人钢琴教程》第一册第 69 页）

2022 年 2 月 5 日 星期六 多云

熊老师提醒我《赤诚花》由三大乐句组成：1—7 小节是第一句；8—16 小节是第二句；17—24 是第三句。弹奏《赤诚花》要注意以下几点：1.注意附点节奏；2.注意变化音及降 si；3.突出三拍子的节奏韵律；4.注意同音换指；5.这是一首歌曲，要多听；6.弹奏要有歌唱性。

反反复复练习弹奏《赤诚花》好几天，第 3 小节右手的附点音符总是弹不准。右手单独弹，问题不大；与左手伴奏一起弹时，总弹不到点上。

♪今日作业：《二泉映月》（《约翰·汤普森成人钢琴教程》第一册第 70 页）

2022 年 2 月 11 日 星期五 晴间多云

看到"二泉映月"这几个字，感到特别地亲切。

回想六十多年前，还没上学的时候就跟着大哥学拉二胡。比我年长十五岁的大哥不但二胡拉得好，还会拉京胡和板胡。大哥是个多面手，能吹笛子、吹箫、吹笙、吹唢呐、弹月琴、弹中阮。

我天性愚钝，虽然上面几种乐器都接触过，可一样都没学好。

虽然没学好二胡，但民间艺术家华彦钧（阿炳）的二胡作品《二泉映月》给我留下了深刻的印象——曲子沧桑悲愤的意境，处处引人深思、发人深省……

我很好奇，用钢琴弹奏《二泉映月》会是一种什么样的感受？

二胡是弦乐，旋律婉转绵长；而钢琴的特性之一是声音延续性不强，要弹出二胡绵延的音色，对我肯定是个挑战。

我把自己的顾虑告诉了熊老师，以下是熊老师的讲解：

一定要注意把旋律衔接起来，每个音不能支离破粹，音与音之间要有连接，乐句之间要有联系。手指弹奏连句时，一个音到下一个音，重心转移要平稳。

二胡的音质绵延宽厚，音量饱满，在钢琴演奏时触键要注意尽量弹出这种音质，以保留原曲中的风格特点。首先手指尖要坚固集中，触键时不能松懈，保持站立的状态。抬高手指触键速度要慢一些，触键的深度要尽量达到琴键的底部，不能让声音过于直白。练习时，一定要放慢速度，一句一句地练习弹奏。

我想，如果已经故去的大哥听到我用钢琴弹奏的《二泉映月》，一定会很欣慰的，虽然是换了种乐器。

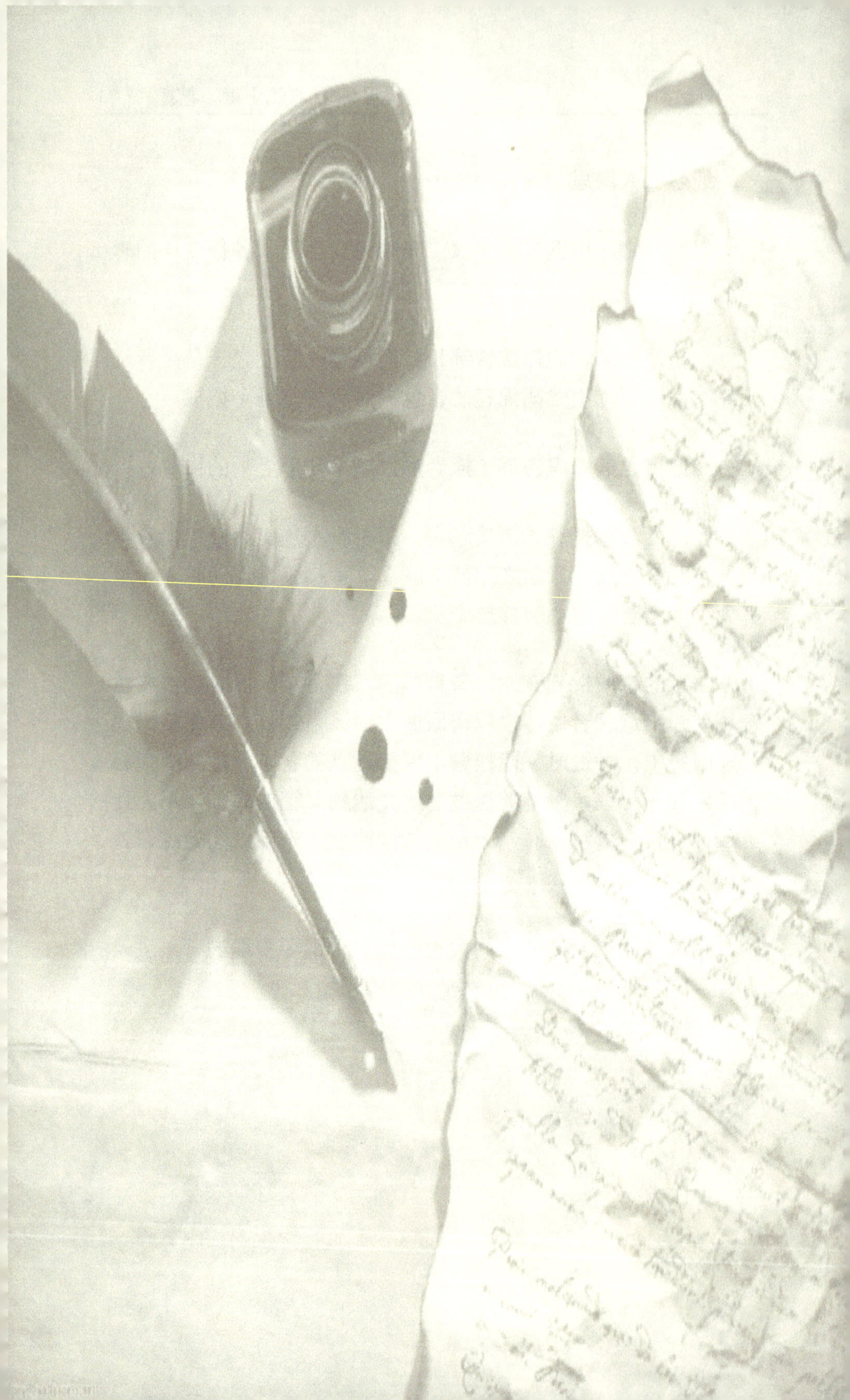

附注一　曲谱选用说明

《老顽童学琴日记》中的曲谱，大部分选自美国威利斯音乐出版公司提供版权并授权增补中国作品的《约翰·汤普森成人钢琴教程》（第一册）。该书由钱洁平选编，上海音乐出版社、上海文艺音像电子出版社出版。

另有三首，即《元日》《悯农》和《静夜思》选自民主与建设出版社出版的《教孩子弹唱最美古诗词》（钢琴版）。

其余曲目选自网络。

附注二　学琴日记曲目表

为方便读者查阅不同日期所学曲目，以及对应的重点内容，特别列附"学琴日记曲目表"

日期
第一章　爆竹声中一岁除
2020 年 11 月 20 日　星期五　雨 曲目： 备注：
2020 年 11 月 25 日　星期三　小雨 曲目： 备注：
2020 年 11 月 30 日　星期一　中雨 曲目：《C 大调卡农》 备注：
2020 年 12 月 28 日　星期一　阴 曲目： 备注：
2020 年 12 月 31 日　星期四　中雨 曲目： 备注：
2021 年 1 月 25 日　星期一　雨加雪 曲目： 备注：
2021 年 2 月 11 日　星期四　阴 曲目：《元日》 备注：边弹边唱。在唱中体会轻重缓急。怎么唱的，就怎么弹。

2021 年 2 月 19 日　星期五　小雨 曲目： 备注：
2021 年 2 月 23 日　星期二　晴 曲目： 备注：音名、唱名、音级；节拍和节奏律动；音符和休止符
2021 年 2 月 27 日　星期六　阴 曲目：《悯农》《静夜思》 备注：学习调性，每个调的 I 级音为主音。
2021 年 3 月 5 日　星期五　雨 曲目： 备注：听节拍器，打拍子
2021 年 3 月 10 日　星期三　多云 曲目：《伏尔加河纤夫曲》《钟声》 备注：休止符是节奏、节拍、韵律、律动链条中不可缺少的一环。损害了休止符，就损害了节奏美感。
2021 年 3 月 18 日　星期四　小雨 曲目：《小圆舞曲》《蜜蜂》《苏格兰蓝铃》 备注：音程的作用和音程的种类
2021 年 3 月 23 日　星期二　小雨 曲目： 备注：大二小二；大三小三
第二章　爬山坡
2021 年 3 月 26 日　星期五　阴 曲目：《北风吹》 备注：纯四纯五；增四减五
2021 年 4 月 5 日　星期一　多云 曲目： 备注：总结：纯四纯五；增四减五

2021 年 4 月 12 日 星期一 晴 曲目： 备注：增四减五的讨论
2021 年 4 月 18 日 星期日 阴转晴 曲目：《湖上天鹅》《黄梅小唱》 备注：六个表情标记：f、p、f、p、pp、sf"
2021 年 4 月 26 日 星期一 小雨 曲目：《踏级石》《荡秋千》 备注：《踏级石》十六个半音
2021 年 5 月 1 日 星期六 多云 曲目：《教堂钟声》《爬山坡》 备注：五声音阶
2021 年 5 月 7 日 星期五 晴 曲目：《欢乐颂》 备注：介绍《欢乐颂》乐曲
第三章 斯卡布罗集市
2021 年 5 月 15 日 星期六 晴 曲目：《斯卡布罗集市》 备注：《斯卡布罗集市》是首既古老又年轻的英文金曲
2021 年 5 月 21 日星期五晴间多云 曲目：《斯卡布罗集市》 备注：歌曲简介
2021 年 5 月 28 日 星期五 晴 曲目：《欢乐颂》与《斯卡布罗集市》的比较 备注：音乐六要素：节奏、旋律、结构、曲式、音色、调性
2021 年 6 月 1 日 星期二 晴 曲目：琶音训练 备注：音阶和琶音是每天必须要练习的基本功

2021 年 6 月 8 日　星期二　阴转晴 曲目：《和弦与分解和弦练习》《故乡往事》 备注：琶音与分解和弦
2021 年 6 月 16 日　星期三　阴转晴 曲目：《斯拉夫舞曲》 备注：主旋律 32176 反复出现，但节奏不一样
2021 年 6 月 25 日　星期五　阴转晴 曲目：《林中黎明》 备注：三和弦的转位
第四章　牧羊姑娘
2021 年 7 月 2 日　星期五　阴转晴 曲目：《划小船》 备注：同音反复 4 个音不要弹成一样的感觉
2021 年 7 月 8 日　星期四　多云 曲目：《泉水清清》 备注：波音的弹奏方法
2021 年 7 月 16 日　星期五　多云 曲目：五个手指连奏 备注：断奏与连奏
2021 年 7 月 22 日　星期四　晴 曲目：《莫扎特的旋律》 备注：A 大调音阶与琶音：练习音阶的重要性
2021 年 7 月 29 日　星期四　晴 曲目：《牧羊姑娘》 备注：升降号多少相同时，如何区分大小调
第五章　小星星，亮晶晶
2021 年 8 月 6 日　星期五　晴 曲目：江苏民歌《箫》 备注：划分乐句时，一般看主干音乐的走向

2021 年 8 月 12 日 星期四 晴 曲目：《软靴舞曲》 备注：同音反复的音，不要弹得呆板
2021 年 8 月 20 日 星期五 阴 曲目：《小星星》之一 备注：
2021 年 9 月 10 日星期五 多云间晴 曲目：《小星星》之二 备注：小星星的来历；讲解踏板的应用
2021 年 9 月 17 日 星期五 雨 曲目：《小星星》之三 备注：小星星三个版本连奏
第六章 小草之歌
2021 年 9 月 23 日星期四 多云转晴 曲目：《舞蹈课》 备注：左手旋律，右手伴奏
2021 年 10 月 1 日 星期五 晴 曲目：《让你的眼睛与我深情对望》 备注：六八拍的曲子每小节有两个重音
2021 年 10 月 8 日 星期五 阴 曲目：《布谷钟》双音手腕断奏 备注：落提的应用　　双音手腕断奏
2021 年 10 月 15 日 星期五 雨 曲目：《小草之歌》 备注：复调乐曲
第七章 啄木鸟与快乐的啰嗦
2021 年 10 月 22 日 星期五 雨 曲目：《开花调》 备注：6/8 拍，是复二拍子

2021 年 10 月 29 日　星期五　阴 曲目：《啄木鸟》 备注：跳音
2021 年 11 月 12 日　星期五　阴 曲目：《快乐的啰嗦》《玩具娃娃进行曲》 备注：断奏
第八章　沉思与晨歌
2021 年 11 月 19 日　星期五　阴 曲目：《卖报歌》 备注：连和跳的对比
2021 年 11 月 26 日　星期五　阴 曲目：《沉思》*Reflections* 备注：各种音乐标记的使用；"自我找错"功能
2021 年 12 月 3 日　星期五　多云 曲目：《晨歌》 备注：发现"未知我"
第九章　平安夜
2021 年 12 月 10 日　星期五　雨 曲目：《罗曼史》 备注：同音反复的弹奏方法
2021 年 12 月 17 日　星期五　雨 曲目：《夜曲》 备注：怎样根据调号判断大小调
2021 年 12 月 24 日　星期五　雪 曲目：《平安夜》 备注：正确的手位，可以弹得更流畅
2021 年 12 月 31 日　星期五　晴 曲目：*A Holly Jolly Christmas* 备注：弹奏双音时，要有意识地强调高声部的音

2022 年 1 月 8 日　星期六　雪 曲目：《可爱的玫瑰花》 备注：用哼唱，促进弹奏练习
第十章　老黄牛
2022 年 1 月 15 日　星期六　多云 曲目：《老黄牛》 备注：音乐也能言志
2022 年 1 月 22 日　星期六　多云 曲目：《在爱尔兰草原上》 备注：爱尔兰音乐基调三种乐器：哨笛、风笛及竖琴
2022 年 1 月 29 日　星期六　阴 曲目：《美丽的兰花花》 备注：如何表现乐谱上比较"虚"的要求
2022 年 2 月 5 日　星期六　多云 曲目：《赤诚花》 备注：右手的附点音符总是弹不准
2022 年 2 月 11 日　星期五　晴间多云 曲目：《二泉映月》 备注：钢琴怎样表现二胡音质绵延宽厚的特点

注：大部分曲谱选自《约翰·汤普森成人钢琴教程》（第一册）加粗字体的曲谱，即《元日》《悯农》及《静夜思》选自《教孩子弹唱最美古诗词》（钢琴版）。

其余加粗字体的曲谱选自网络。

附注三　零基础乐理入门问答二节

第一节　五线谱

1.　什么是五线谱？五线谱要怎么看？

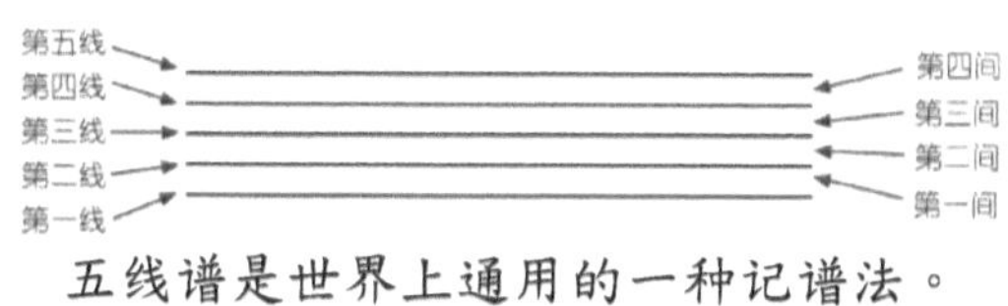

五线谱是世界上通用的一种记谱法。

五线谱由五条平行的"横线"和四个平行的"间"组成。由下往上数，最下面第一条线为"第一线"，往上数第二条线为"第二线"，再往上数为"第三线"、"第四线"，最上面一条线为"第五线"。"线"与"线"之间的地方为"间"。自下往上数，最下面的一间为"第一间"，往上数为第二间、第三间、第四间。

2.　什么是谱号？你知道的谱号有哪些？

谱号是确定乐谱上不同音高位置的符号，记在五线谱的某一条线上，使这条线具有了固定的音级名称和高度，同时也确定了其他各线上或间内的音级名称和高度。最常见的是高音谱号和低音谱号。

3.　高低音谱号又分别叫什么？为什么？

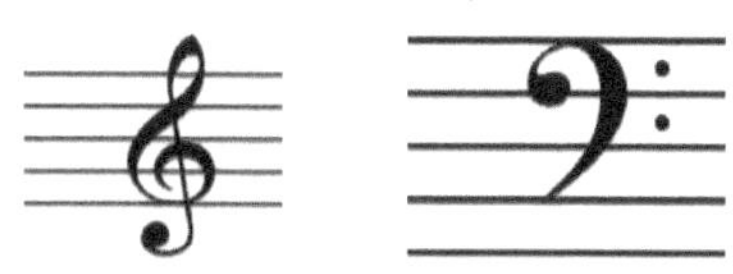

高音谱号：又叫"G"谱号，是第二线，也就是画高音谱

号时起笔的那条线，规定音高为 G（sol）。

低音谱号：又叫"F 谱号"，就是规定第四线是低音 F 的。

第二节　音级、音名、唱名、音组

1.　什么是音级？

音级是音符的基本组成单位。音级包括基本音级和变化音级两种。在乐音体系中，具有独立名称的七个音级叫做基本音级。这七个音级是钢琴上白色琴键所发出的声音。基本音级升高或降低得到的音，叫变化音级。

基本音级的名称有音名和唱名两种标记方法，每个音级的音名是用字母来标记的，即 C、D、E、F、G、A、B 是基本音级的音名。唱名则是用读音来表示的，即 Do、Re、Mi、Fa、Sol、La、Si 是基本音级的唱名。

2.　什么是音名？什么是唱名？

音名是音的名字，是表示音乐中的每个音级各自的名称，如同人的名字一样。音名是固定不变的。

唱名是人们在演唱旋律时，为方便唱谱而使用的名称。唱名是可以随时进行变换的，它会根据调的改变而有所变化。

要点：音名是固定不变的；唱名是根据调的改变而变化的。

3.　什么是音组？

乐音体系包含有 88 个音，仅用 7 个基本音级是很难区分的。为了区分不同的音，于是便产生了音的分组。

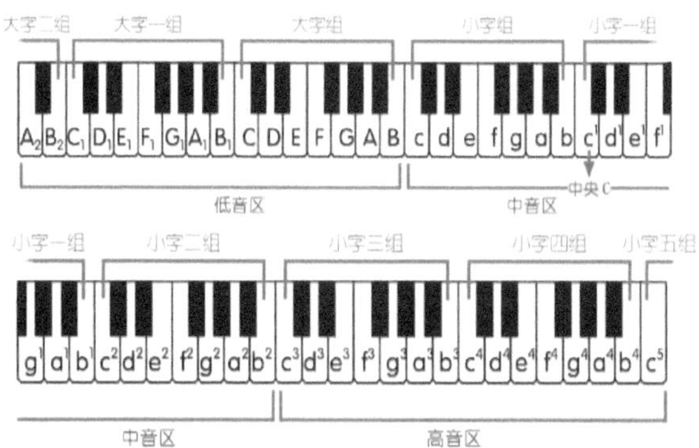

在钢琴正中央的一组音级（包括基本音级和变化音级的十二个音级，从 C 到 B），叫做"小字一组"。小字一组的音用小写字母 c、d、e、f、g、a、b 来表示，并在其右上方标记出阿拉伯数字 1，如：c1、d1、e1、f1、g1、a1、b1。

比小字一组高的音组，由低到高依次定名为"小字二组""小字三组""小字四组""小字五组"，并在其右上方用阿拉伯数字标记出音组数字。如小字三组的 d 就标记为 d3，小字二组的 b 就标记为 b2 。

比小字一组低的音组，由高到低分别定名为"小字组""大字组""大字一组""大字二组"。其中大字组的音用大写字母 C、D、E、F、G、A、B 来表示，并在其右下方用阿拉伯数字标记出音组数字。如大字二组的 D 就标记为 D2。

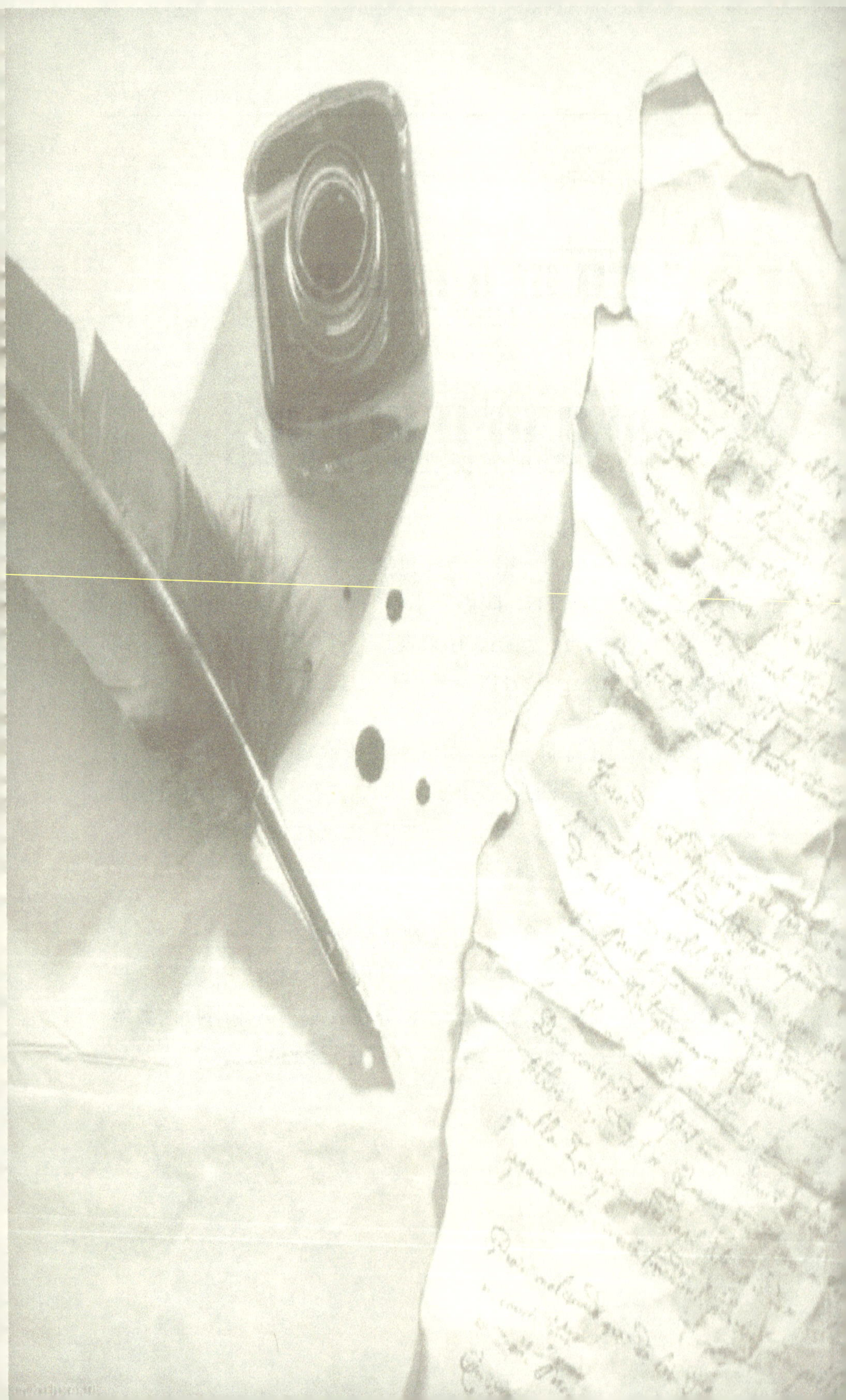

后记

随着最后一个标点符号的落下，《老顽童学琴日记》第一集的写作画上了句号。

此刻，作为《老顽童学琴日记》作者之一的学琴人——老顽童难掩心中的宽慰、不舍与遗憾。

回想过去一年三百六十天学琴路上洒下的汗水，留下的艰辛，终于让指尖舞动出了旋律；用文字记录每日的练琴要求、练琴感受、练琴点评，已经成了生活中的一部分；学琴一年，练习曲目简简单单几十首，对五线谱、谱号调号、大小调，对速度快慢、力度强弱等等有了初步的了解。

如实记录下的这些感受，因老顽童自身对音乐的理解太过肤浅，对钢琴弹奏技术的掌握太过粗糙，不能向读者充分表达老顽童对音乐的喜爱，对练琴乐趣的痴迷。记录下这些感受，是要鞭策老顽童继续坚持每日的练琴，继续弹奏出更好听的旋律。

特别要说明的是，这本日记体学琴心得不是学术著作。若读者从专业角度阅看，一定会挑出不少不那么专业之处。而不那么专业的录写，绝非钢琴老师之过。而纯囿于老顽童学琴愚钝，对钢琴老师授课讲解理解不透，亦或理解有误所致。

作为《老顽童学琴日记》作者之一的教琴人——熊老师想说的是，我是有着二十年教学经验的钢琴老师，"老顽童"是我所教众多学生中非常特别的一位。

对这样年龄大基础差的学琴人，选择曲谱时我注意乐理知识与弹奏趣味相结合，尽量降低手指弹奏技巧的难度。说老实话，刚开始教老顽童学琴时，我对老顽童能不能坚持数月学琴、坚持每日练琴、坚持每次完成琴谱弹奏作业等等，是不抱太大希望的。

如今，一年时间过去了。老顽童的坚持与努力，让我不得不重新审视老顽童的学琴心态与能力了。

在学有所乐的同时，老顽童仔细钻研乐理知识，认真做笔记，坚持每日练琴一两个小时，进而对乐谱视唱、乐曲弹奏、音乐表达等方面，有了长足的进步。虽然老顽童对我讲授弹琴话语的记录，以及他自己对学琴弹琴的心得体会，从专业角度来说并不完美，但这样原创性接地气的文字更鲜活。

鉴于此，我没有刻意地让老顽童的"日记"留下过多"专业修改过"的痕迹。老顽童式的现身说琴，可以让那些钢琴零基础的老年人有个参照，降低对学习钢琴弹奏的惧怕心理。

我相信，随着老顽童学琴时间的延续，琴键驾驭能力的提高，乐理知识掌握的深入，音乐喜爱的加深，今后的老顽童学琴日记会越来越专业的。

能坚持别人不能坚持的，才能拥有别人不能拥有的。只要老顽童愿意，我会一直作为他的钢琴老师，继续教下去的。

作者

二〇二二年四月

老顽童学琴日记：第一集

How an Aged Kidult Learns Piano

Volume 1

作　者　　翟崇生（Zhai, Chong Sheng）
　　　　　　熊　慧

出版者 / 美商 EHGBooks 微出版公司

发行者 / 美商汉世纪数位文化公司

台湾学人出版网：http：//www.TaiwanFellowship.org

地　　　址 / 106 台北市大安区敦化南路 2 段 1 号 4 楼

电　　　话 / 02-2701-6088 转 616-617

印　　　刷 / 汉世纪古腾堡®数字出版 POD 云端科技

出版日期 / 2022 年 6 月

总经销 / Amazon.com

台湾销售网 / 三民网络书店：http：//www.sanmin.com.tw

　　　　　　三民书局复北店

　　　　　　地址 / 104 台北市复兴北路 386 号

　　　　　　电话 / 02-2500-6600

　　　　　　三民书局重南店

　　　　　　地址 / 100 台北市重庆南路一段 61 号

　　　　　　电话 / 02-2361-7511

全省金石网络书店：http：//www.kingstone.com.tw

中国总代理 / 厦门外图集团有限公司

地　　　址 / 厦门市思明区湖滨南路 809 号国际文化大厦裙楼 5 楼

定　　　价 / 新台币 450 元（美金 15 元 / 人民币 100 元）